GRöLS Verlage

„Bücher sind wie Fallschirme. Sie nützen uns nichts, wenn wir sie nicht öffnen."

Gröls Verlag

Redaktionelle Hinweise und Impressum

Das vorliegende Werk wurde zugunsten der Authentizität sehr zurückhaltend bearbeitet. So wurden etwa ursprüngliche Rechtschreibfehler *nicht* systematisch behoben, denn kleine Unvollkommenheiten machen das Buch – wie im Übrigen den Menschen – erst authentisch. Mitunter wurden jedoch zum Beispiel Absätze behutsam neu getrennt, um den Lesefluss zu erleichtern.

Um die Texte zu rekonstruieren, werden antiquarische Bücher von Lesegeräten gescannt und dann durch eine Software lesbar gemacht. Der so entstandene Text wird von Menschen gegengelesen und korrigiert – hierbei treten auch Fehler auf. Wenn Sie ebenfalls antiquarische Texte einreichen möchten, finden Sie weitere Informationen auf www.groels.de

Viel Freude bei der Lektüre wünscht Ihnen das Team des Gröls-Verlags.

Adressen

Verleger: Sophia Gröls, Im Borngrund 26, 61440 Oberursel

Externer Dienstleister für Distribution & Herstellung: BoD, In de Tarpen 42, 22848 Norderstedt

Unsere „Edition | Werke der Weltliteratur“ hat den Anspruch, eine der größten und vollständigsten Sammlungen klassischer Literatur in deutscher Sprache zu sein. Nach und nach versammeln wir hier nicht nur die „üblichen Verdächtigen“ von Goethe bis Schiller, sondern auch Kleinode der vergangenen Jahrhunderte, die – zu Unrecht – drohen, in Vergessenheit zu geraten. Wir kultivieren und kuratieren damit einen der wertvollsten Bereiche der abendländischen Kultur. Kleine Auswahl:

Francis Bacon • Neues Organon • **Balzac** • Glanz und Elend der Kurtisanen • **Joachim H. Campe** • Robinson der Jüngere • **Dante Alighieri** • Die Göttliche Komödie • **Daniel Defoe** • Robinson Crusoe • **Charles Dickens** • Oliver Twist • **Denis Diderot** • Jacques der Fatalist • **Fjodor Dostojewski** • Schuld und Sühne • **Arthur Conan Doyle** • Der Hund von Baskerville • **Marie von Ebner-Eschenbach** • Das Gemeindekind • **Elisabeth von Österreich** • Das Poetische Tagebuch • **Friedrich Engels** • Die Lage der arbeitenden Klasse • **Ludwig Feuerbach** • Das Wesen des Christentums • **Johann G. Fichte** • Reden an die deutsche Nation • **Fitzgerald** • Zärtlich ist die Nacht • **Flaubert** • Madame Bovary • **Gorch Fock** • Seefahrt ist not! • **Theodor Fontane** • Effi Briest • **Robert Musil** • Über die Dummheit • **Edgar Wallace** • Der Frosch mit der Maske • **Jakob Wassermann** • Der Fall Maurizius • **Oscar Wilde** • Das Bildnis des Dorian Grey • **Émile Zola** • Germinal • **Stefan Zweig** • Schachnovelle • **Hugo von Hofmannsthal** • Der Tor und der Tod • **Anton Tschechow** • Ein Heiratsantrag • **Arthur Schnitzler** • Reigen • **Friedrich Schiller** • Kabale und Liebe • **Nicolo Machiavelli** • Der Fürst • **Gotthold E. Lessing** • Nathan der Weise • **Augustinus** • Die Bekenntnisse des heiligen Augustinus • **Marcus Aurelius** • Selbstbetrachtungen • **Charles Baudelaire** • Die Blumen des Bösen • **Harriett Stowe** • Onkel Toms Hütte • **Walter Benjamin** • Deutsche Menschen • **Hugo Bettauer** • Die Stadt ohne Juden • **Lewis Caroll** • *und viele mehr….*

Sigmund Freud

Zur Psychopathologie des Alltagslebens

(Über Vergessen, Versprechen, Vergreifen, Aberglaube und Irrtum)

1904

Nun ist die Luft von solchem Spuk so voll,
Dass niemand weiss, wie er ihn meiden soll.
Faust, II. T., V. Akt.

Inhalt

I. Vergessen von Eigennamen.

Im Jahrgange 1898 der Monatsschrift für Psychiatrie und Neurologie habe ich unter dem Titel *“Zum psychischen Mechanismus der Vergesslichkeit“* einen kleinen Aufsatz veröffentlicht, dessen Inhalt ich hier wiederholen und zum Ausgang für weitere Erörterungen nehmen werde. Ich habe dort den häufigen Fall des zeitweiligen Vergessens von Eigennamen an einem prägnanten Beispiel aus meiner Selbstbeobachtung der psychologischen Analyse unterzogen und bin zum Ergebnis gelangt, dass dieser gewöhnliche und praktisch nicht sehr bedeutsame Einzelvorfall von Versagen einer psychischen Funktion – des Erinnerns – eine Aufklärung zulässt, welche weit über die gebräuchliche Verwertung des Phänomens hinausführt.

Wenn ich nicht sehr irre, würde ein Psycholog, von dem man die Erklärung forderte, wie es zugehe, dass einem so oft ein Name nicht einfällt, den man doch zu kennen glaubt, sich begnügen, zu antworten, dass Eigennamen dem Vergessen leichter unterliegen als andersartiger Gedächtnisinhalt. Er würde die plausibeln Gründe für solche Bevorzugung der Eigennamen anführen, eine anderweitige Bedingtheit des Vorganges aber nicht vermuten.

Für mich wurde zum Anlass einer eingehenderen Beschäftigung mit dem Phänomen des zeitweiligen Namenvergessens die Beobachtung gewisser Einzelheiten, die sich zwar nicht in allen Fällen, aber in einzelnen deutlich genug erkennen lassen. In solchen Fällen wird nämlich nicht nur *vergessen*, sondern auch *falsch erinnert*. Dem sich um den entfallenen Namen Bemühenden kommen andere – *Ersatznamen* – zum Bewusstsein, die zwar sofort als unrichtig erkannt werden, sich aber doch mit grosser Zähigkeit immer wieder aufdrängen. Der Vorgang, der zur Reproduktion des gesuchten Namens führen soll, hat sich gleichsam *verschoben* und so zu einem unrichtigen Ersatz geführt. Meine Voraussetzung ist nun, dass diese Verschiebung nicht psychischer Willkür überlassen ist, sondern gesetzmässige und berechenbare Bahnen einhält. Mit anderen Worten, ich vermute, dass der oder die Ersatznamen in einem aufspürbaren Zusammenhang mit dem gesuchten Namen stehen, und hoffe, wenn es mir gelingt, diesen Zusammenhang nachzuweisen, dann auch Licht über den Hergang des Namenvergessens zu verbreiten.

In dem 1898 von mir zur Analyse gewählten Beispiele war es der Name des Meisters, welcher im Dom von *Orvieto* die grossartigen Fresken von den „letzten Dingen" geschaffen, den zu erinnern ich mich vergebens bemühte. Anstatt des gesuchten Namens – *Signorelli* – drängten sich mir zwei andere Namen von Malern auf – *Botticelli* und *Boltraffio*, die mein Urteil sofort und entschieden als unrichtig abwies. Als mir der richtige Name von fremder Seite mitgeteilt wurde, erkannte ich ihn sogleich und ohne Schwanken. Die Untersuchung, durch welche Einflüsse und auf welchen Assoziationswegen sich die Reproduktion in solcher Weise – von *Signorelli* auf *Botticelli* und *Boltraffio* – verschoben hatte, führte zu folgenden Ergebnissen:

1. Der Grund für das Entfallen des Namens *Signorelli* ist weder in einer Besonderheit dieses Namens selbst noch in einem psychologischen Charakter des Zusammenhanges zu suchen, in welchen derselbe eingefügt war. Der vergessene Name war mir ebenso vertraut wie der eine der Ersatznamen – Botticelli – und ungleich vertrauter als der andere der Ersatznamen – Boltraffio –, von dessen Träger ich kaum etwas anderes anzugeben wüsste als seine Zugehörigkeit zur mailändischen Schule. Der Zusammenhang aber, in dem sich das Namenvergessen ereignete, erscheint mir harmlos und führt zu keiner weiteren Aufklärung: Ich machte mit einem Fremden eine Wagenfahrt von Ragusa in Dalmatien nach einer Station der Herzegowina; wir kamen auf das Reisen in Italien zu sprechen, und ich fragte meinen Reisegefährten, ob er schon in Orvieto gewesen und dort die berühmten Fresken des *** besichtigt habe.

2. Das Namenvergessen erklärt sich erst, wenn ich mich an das in jener Unterhaltung unmittelbar vorhergehende Thema erinnere,

und gibt sich als eine *Störung des neu auftauchenden Themas durch das vorhergehende* zu erkennen. Kurz, ehe ich an meinen Reisegefährten die Frage stellte, ob er schon in Orvieto gewesen, hatten wir uns über die Sitten der in *Bosnien* und in der *Herzegowina* lebenden Türken unterhalten. Ich hatte erzählt, was ich von einem unter diesen Leuten praktizierenden Kollegen gehört hatte, dass sie sich voll Vertrauen in den Arzt und voll Ergebung in das Schicksal zu zeigen pflegen. Wenn man ihnen ankündigen muss, dass es für den Kranken keine Hilfe gibt, so antworten sie: „ *Herr,* was ist da zu sagen? Ich weiss, wenn er zu retten wäre, hättest du ihn gerettet." – Erst in diesen Sätzen finden sich die Worte und Namen: *Bosnien, Herzegowina, Herr* vor, welche sich in eine Assoziationsreihe zwischen *Signorelli* und *Botticelli – Boltraffio* einschalten lassen.

3. Ich nehme an, dass der Gedankenreihe von den Sitten der Türken in Bosnien etc. die Fähigkeit, einen nächsten Gedanken zu stören, darum zukam, weil ich ihr meine Aufmerksamkeit entzogen hatte, ehe sie noch zu Ende gebracht war. Ich erinnere nämlich, dass ich eine zweite Anekdote erzählen wollte, die nahe bei der ersten in meinem Gedächtnis ruhte. Diese Türken schätzen den Sexualgenuss über alles und verfallen bei sexuellen Störungen in eine Verzweiflung, welche seltsam gegen ihre Resignation bei Todesgefahr absticht. Einer der Patienten meines Kollegen hatte ihm einmal gesagt: „Du weisst ja, *Herr,* wenn das nicht mehr geht, dann hat das Leben keinen Wert." Ich unterdrückte die Mitteilung dieses charakteristischen Zuges, weil ich das heikle Thema nicht im Gespräch mit einem Fremden berühren wollte. Ich tat aber noch mehr; ich lenkte meine Aufmerksamkeit auch von der Fortsetzung der Gedanken ab, die sich bei mir an das Thema „Tod und Sexualität" hätten knüpfen können. Ich stand damals unter der Nachwirkung einer Nachricht, die ich wenige Wochen vorher während eines kurzen Aufenthaltes

in *Trafoi* erhalten hatte. Ein Patient, mit dem ich mir viele Mühe gegeben, hatte wegen einer unheilbaren sexuellen Störung seinem Leben ein Ende gemacht. Ich weiss bestimmt, dass mir auf jener Reise in die Herzegowina dieses traurige Ereignis und alles, was damit zusammenhängt, nicht zur bewussten Erinnerung kam. Aber die Übereinstimmung *Trafoi – Boltraffio* nötigt mich anzunehmen, dass damals diese Reminiszenz trotz der absichtlichen Ablenkung meiner Aufmerksamkeit in mir zur Wirksamkeit gebracht worden ist.

4. Ich kann das Vergessen des Namens *Signorelli* nicht mehr als ein zufälliges Ereignis auffassen. Ich muss den Einfluss eines *Motivs* bei diesem Vorgang anerkennen. Es waren Motive, die mich veranlassten, mich in der Mitteilung meiner Gedanken (über die Sitten der Bosnier etc.) zu unterbrechen, und die mich ferner beeinflussten, die daran sich knüpfenden Gedanken, die bis zur Nachricht in *Trafoi* geführt hätten, in mir vom Bewusstwerden auszuschliessen. Ich *wollte* also etwas vergessen, ich hatte *etwas verdrängt*. Ich wollte allerdings etwas anderes vergessen als den Namen des Meisters von Orvieto; aber dieses andere brachte es zustande, sich mit diesem Namen in assoziative Verbindung zu setzen, so dass mein Willensakt das Ziel verfehlte, und ich *das eine wider Willen* vergass, während ich *das andere mit Absicht* vergessen wollte. Die Abneigung, zu erinnern, richtete sich gegen den einen Inhalt; die Unfähigkeit, zu erinnern, trat an einem anderen hervor. Es wäre offenbar ein einfacherer Fall, wenn Abneigung und Unfähigkeit, zu erinnern, denselben Inhalt beträfen. – Die Ersatznamen erscheinen mir auch nicht mehr so völlig unberechtigt wie vor der Aufklärung; sie mahnen mich (nach Art eines Kompromisses) eben so sehr an das, was ich vergessen, wie an das, was ich erinnern wollte, und zeigen mir, dass meine Absicht, etwas zu vergessen, weder ganz gelungen noch ganz missglückt ist.

5. Sehr auffällig ist die Art der Verknüpfung, die sich zwischen dem gesuchten Namen und dem verdrängten Thema (von Tod und Sexualität etc., in dem die Namen Bosnien, Herzegowina, Trafoi vorkommen) hergestellt hat. Das hier eingeschaltete, aus der Abhandlung des Jahres 1898 wiederholte Schema sucht diese Verknüpfung anschaulich darzustellen.

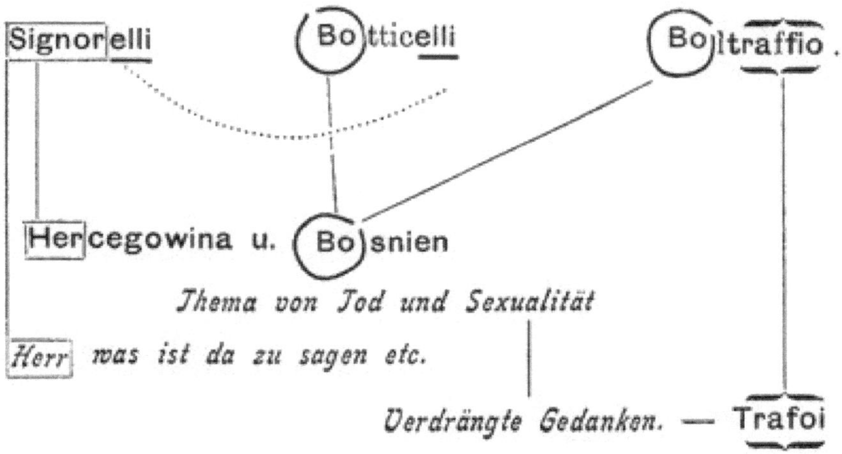

Der Name Signorelli ist dabei in zwei Stücke zerlegt worden. Das eine Silbenpaar ist in einem der Ersatznamen unverändert wiedergekehrt (*elli*), das andere hat durch die Übersetzung *Signor – Herr* mehrfache und verschiedenartige Beziehungen zu den im verdrängten Thema enthaltenen Namen gewonnen, ist aber dadurch für die Reproduktion verloren gegangen. Sein Ersatz hat so stattgefunden, als ob eine Verschiebung längs der Namenverbindung „Herzegowina und Bosnien" vorgenommen worden wäre, ohne Rücksicht auf den Sinn und auf die akustische Abgrenzung der Silben zu nehmen. Die Namen sind also bei diesem Vorgang ähnlich behandelt worden wie die Schriftbilder eines Satzes, der in ein Bilderrätsel (Rebus) umgewandelt werden soll. Von dem ganzen Hergang, der anstatt des Namens Signorelli auf solchen Wegen die Ersatznamen geschaffen hat, ist dem Bewusstsein keine Kunde gegeben worden. Eine Beziehung zwischen dem Thema, in dem der Name Signorelli vorkam, und dem zeitlich ihm vorangehenden verdrängten Thema, welche über diese Wiederkehr gleicher Silben (oder vielmehr Buchstabenfolgen) hinausginge, scheint *zunächst* nicht auffindbar zu sein.

Es ist vielleicht nicht überflüssig, zu bemerken, dass die von den Psychologen angenommenen Bedingungen der Reproduktion und des Vergessens, die in gewissen Relationen und Dispositionen gesucht werden, durch die vorstehende Aufklärung einen Widerspruch nicht erfahren. Wir haben nur für gewisse Fälle zu all den längst anerkannten Momenten, die das Vergessen eines Namens bewirken können, noch ein *Motiv* hinzugefügt und überdies den Mechanismus des Fehlerinnerns klar gelegt. Jene Dispositionen sind auch für unseren Fall unentbehrlich, um die Möglichkeit zu schaffen, dass das verdrängte Element sich assoziativ des gesuchten Namens bemächtige und es mit sich in die Verdrängung nehme. Bei einem anderen Namen mit günstigeren Reproduktionsbedingungen wäre dies vielleicht nicht geschehen. Es ist ja wahrscheinlich, dass ein unterdrücktes Element allemal bestrebt ist, sich irgendwo anders zur Geltung zu bringen, diesen Erfolg aber nur dort erreicht, wo ihm geeignete Bedingungen entgegenkommen. Andere Male gelingt die Unterdrückung ohne Funktionsstörung, oder, wie wir mit Recht sagen können, ohne *Symptome*.

Die Zusammenfassung der Bedingungen für das Vergessen eines Namens mit Fehlerinnern ergibt also: 1. eine gewisse Disposition zum Vergessen desselben, 2. einen kurz vorher abgelaufenen Unterdrückungsvorgang, 3. die Möglichkeit, eine *äusserliche* Assoziation zwischen dem betreffenden Namen und dem vorher unterdrückten Element herzustellen. Letztere Bedingung wird man wahrscheinlich nicht sehr hoch veranschlagen müssen, da bei den geringen Ansprüchen an die Assoziation eine solche in den allermeisten Fällen durchzusetzen sein dürfte. Eine andere und tiefer reichende Frage ist es, ob eine solche äusserliche Assoziation wirklich die genügende Bedingung dafür sein kann, dass das verdrängte Element die Reproduktion des gesuchten Namens störe, ob nicht doch notwendig ein intimerer Zusammenhang der beiden Themata erforderlich wird. Bei oberflächlicher Betrachtung würde man letztere Forderung abweisen wollen und das zeitliche Aneinanderstossen bei völlig disparatem Inhalt für genügend halten. Bei eingehender Untersuchung findet man aber immer häufiger, dass die beiden durch eine äusserliche Assoziation verknüpften Elemente (das verdrängte und das neue) ausserdem einen inhaltlichen Zusammenhang besitzen, und auch in dem Beispiel *Signorelli* lässt sich ein solcher erweisen.

Der Wert der Einsicht, die wir bei der Analyse des Beispiels *Signorelli* gewonnen haben, hängt natürlich davon ab, ob wir diesen Fall für ein typisches oder für ein vereinzeltes Vorkommnis erklären müssen. Ich muss nun behaupten, dass das Namenvergessen mit Fehlerinnern ungemein häufig so zugeht, wie wir es im Falle: *Signorelli* aufgelöst haben. Fast allemal, da ich dies Phänomen bei mir selbst beobachten konnte, war ich auch imstande, es mir in der vorerwähnten Weise als durch Verdrängung motiviert zu erklären. Ich muss auch noch einen anderen Gesichtspunkt zugunsten der typischen Natur unserer Analyse geltend machen. Ich glaube, dass man nicht berechtigt ist, die Fälle von Namenvergessen mit Fehlerinnern prinzipiell von solchen zu trennen, in denen sich unrichtige Ersatznamen nicht eingestellt haben. Diese Ersatznamen kommen in einer Anzahl von Fällen spontan; in anderen Fällen, wo sie nicht spontan aufgetaucht sind, kann man sie durch Anstrengung der Aufmerksamkeit zum Auftauchen zwingen, und sie zeigen dann die nämlichen Beziehungen zum verdrängten Element und zum gesuchten Namen, wie wenn sie spontan gekommen wären. Für das Bewusstwerden der Ersatznamen scheinen zwei Momente massgebend zu sein, erstens die Bemühung der Aufmerksamkeit, zweitens eine innere Bedingung, die am psychischen Material haftet. Ich könnte letztere in der grösseren oder geringeren Leichtigkeit suchen, mit welcher sich die benötigte äusserliche

Assoziation zwischen den beiden Elementen herstellt. Ein guter Teil der Fälle von Namenvergessen *ohne* Fehlerinnern schliesst sich so den Fällen mit Ersatznamenbildung an, für welche der Mechanismus des Beispieles: *Signorelli* gilt. Ich werde mich aber gewiss nicht der Behauptung erkühnen, dass alle Fälle von Namenvergessen in die nämliche Gruppe einzureihen seien. Es gibt ohne Zweifel Fälle von Namenvergessen, die weit einfacher zugehen. Wir werden den Sachverhalt wohl vorsichtig genug dargestellt haben, wenn wir aussprechen: *Neben dem einfachen Vergessen von Eigennamen kommt auch ein Vergessen vor, welches durch Verdrängung motiviert ist.*

II. Vergessen von fremdsprachigen Worten.

Der gebräuchliche Sprachschatz unserer eigenen Sprache scheint innerhalb der Breite normaler Funktion gegen das Vergessen geschützt. Anders steht es bekanntlich mit den Vokabeln einer fremden Sprache. Die Disposition zum Vergessen derselben ist für alle Redeteile vorhanden, und ein erster Grad von Funktionsstörung zeigt sich in der Ungleichmässigkeit unserer Verfügung über den fremden Sprachschatz, je nach unserem Allgemeinbefinden und dem Grade unserer Ermüdung. Dieses Vergessen geht in einer Reihe von Fällen nach demselben Mechanismus vor sich, den uns das Beispiel: *Signorelli* enthüllt hat. Ich werde zum Beweise hierfür eine einzige, aber durch wertvolle Eigentümlichkeiten ausgezeichnete Analyse mitteilen, die den Fall des Vergessens eines nicht substantivischen Wortes aus einem lateinischen Zitat betrifft. Man gestatte mir, den kleinen Vorfall breit und anschaulich vorzutragen.

Im letzten Sommer erneuerte ich – wiederum auf der Ferienreise – die Bekanntschaft eines jungen Mannes von akademischer Bildung, der, wie ich bald merkte, mit einigen meiner psychologischen Publikationen vertraut war. Wir waren im Gespräch – ich weiss nicht mehr wie – auf die soziale Lage des Volksstammes gekommen, dem wir beide angehören, und er, der Ehrgeizige, erging sich in Bedauern darüber, dass seine

Generation, wie er sich äusserte, zur Verkümmerung bestimmt sei, ihre Talente nicht entwickeln und ihre Bedürfnisse nicht befriedigen könne. Er schloss seine leidenschaftlich bewegte Rede mit dem bekannten Vergilschen Vers, in dem die unglückliche *Dido* ihre Rache an *Äneas* der Nachwelt überträgt: Exoriare ...., vielmehr er wollte so schliessen, denn er brachte das Zitat nicht zustande und suchte eine offenkundige Lücke der Erinnerung durch Umstellung von Worten zu verdecken: *Exoriar(e) ex nostris ossibus ultor!* Endlich sagte er geärgert: 'Bitte machen Sie nicht ein so spöttisches Gesicht, als ob Sie sich an meiner Verlegenheit weiden würden, und helfen Sie mir lieber. An dem Vers fehlt etwas. Wie heisst er eigentlich vollständig?'

Gerne, erwiderte ich und zitierte, wie es richtig lautet:

> Exoriar(e) *aliquis* nostris ex ossibus ultor!

'Zu dumm, ein solches Wort zu vergessen. Übrigens von Ihnen hört man ja, dass man nichts ohne Grund vergisst. Ich wäre doch zu neugierig, zu erfahren, wie ich zum Vergessen dieses unbestimmten Pronomen *aliquis* komme.'

Ich nahm diese Herausforderung bereitwilligst an, da ich einen Beitrag zu meiner Sammlung erhoffte. Ich sagte also: Das können wir gleich haben. Ich muss Sie nur bitten, mir *aufrichtig* und *kritiklos* alles mitzuteilen, was Ihnen einfällt, wenn Sie ohne bestimmte Absicht Ihre Aufmerksamkeit auf das vergessene Wort richten.

'Gut, also da komme ich auf den lächerlichen Einfall, mir das Wort in folgender Art zu zerteilen: *a* und *liquis*.'

Was soll das? – 'Weiss ich nicht.' – Was fällt Ihnen weiter dazu ein? – 'Das setzt sich so fort: *Reliquien* – *Liquidation* – *Flüssigkeit* – *Fluid*. Wissen Sie jetzt schon etwas?'

Nein, noch lange nicht. Aber fahren Sie fort.

'Ich denke,' fuhr er höhnisch lachend fort, 'an *Simon* von *Trient*, dessen Reliquien ich vor zwei Jahren in einer Kirche in Trient gesehen habe. Ich denke an die Blutbeschuldigung, die gerade jetzt wieder gegen die Juden erhoben wird, und an die Schrift von *Kleinpaul,* der in all diesen angeblichen Opfern Inkarnationen, sozusagen Neuauflagen des Heilands sieht.'

Der Einfall ist nicht ganz ohne Zusammenhang mit dem Thema, über das wir uns unterhielten, ehe Ihnen das lateinische Wort entfiel.

'Richtig. Ich denke ferner an einen Zeitungsartikel in einem italienischen Journal, den ich kürzlich gelesen. Ich glaube, er war überschrieben: Was der h. Augustinus über die Frauen sagt. Was machen Sie damit?'

Ich warte.

'Also jetzt kommt etwas, was ganz gewiss ausser Zusammenhang mit unserem Thema steht.'

Enthalten Sie sich gefälligst jeder Kritik und –

'Ich weiss schon. Ich erinnere mich eines prächtigen alten Herrn, den ich vorige Woche auf der Reise getroffen. Ein wahres *Original*. Er sieht aus wie ein grosser Raubvogel. Er heisst, wenn Sie es wissen wollen, ***Benedikt***.'

Doch wenigstens eine Aneinanderreihung von Heiligen und Kirchenvätern: Der heilige *Simon, St. Augustinus, St. Benediktus*. Ein Kirchenvater hiess, glaube ich, *Origines*. Drei dieser Namen sind übrigens auch Vornamen, wie *Paul* im Namen *Kleinpaul*.

'Jetzt fällt mir der heilige *Januarius* ein und sein Blutwunder – ich finde, das geht mechanisch so weiter.'

Lassen Sie das; der heilige *Januarius* und der heilige *Augustinus* haben beide mit dem Kalender zu tun. Wollen Sie mich nicht an das Blutwunder erinnern?

'Das werden Sie doch kennen? In einer Kirche zu Neapel wird in einer Phiole das Blut des heiligen Januarius aufbewahrt, welches durch ein Wunder an einem bestimmten Festtage wieder *flüssig* wird. Das Volk hält viel auf dieses Wunder und wird sehr aufgeregt, wenn es sich verzögert, wie es einmal zur Zeit einer französischen Okkupation geschah. Da nahm der kommandierende General – oder irre ich mich? war es Garibaldi? – den geistlichen Herrn bei Seite und bedeutete ihm mit einer sehr verständlichen Geberde auf die draussen aufgestellten Soldaten, er *hoffe*, das Wunder werde sich sehr bald vollziehen. Und es vollzog sich wirklich ...'

Nun und weiter? Warum stocken Sie?

'Jetzt ist mir allerdings etwas eingefallen ... das ist aber zu intim für die Mitteilung.. Ich sehe übrigens keinen Zusammenhang und keine Nötigung, es zu erzählen.'

Für den Zusammenhang würde ich sorgen. Ich kann Sie ja nicht zwingen, zu erzählen, was Ihnen unangenehm ist; dann verlangen Sie aber auch nicht von mir zu wissen, auf welchem Wege Sie jenes Wort *'aliquis'* vergessen haben.

'Wirklich? Glauben Sie? Also ich habe plötzlich an eine Dame gedacht, von der ich leicht eine Nachricht bekommen könnte, die uns beiden recht unangenehm wäre.'

Dass ihr die Periode ausgeblieben ist?

'Wie können Sie das erraten?'

Das ist nicht mehr schwierig. Sie haben mich genügend darauf vorbereitet. Denken Sie an die *Kalenderheiligen, an das Flüssigwerden des Blutes zu einem bestimmten Tage, den Aufruhr, wenn das Ereignis nicht eintritt, die deutliche Drohung, dass das Wunder vor sich gehen muss, sonst*. Sie haben ja das Wunder des heiligen Januarius zu einer prächtigen Anspielung auf die Periode der Frau verarbeitet.

'Ohne dass ich es gewusst hätte. Und Sie meinen wirklich, wegen dieser ängstlichen Erwartung hätte ich das Wörtchen „*aliquis*" nicht reproduzieren können?'

Das scheint mir unzweifelhaft. Erinnern Sie sich doch an Ihre Zerlegung in *a–liquis* und an die Assoziationen: *Reliquien*, *Liquidation*, *Flüssigkeit*. Soll ich noch den als *Kind hingeopferten* heiligen Simon, auf den Sie von den Reliquien her kamen, in den Zusammenhang einflechten?

'Tun Sie das lieber nicht. Ich hoffe, Sie nehmen diese Gedanken, wenn ich sie wirklich gehabt habe, nicht für Ernst. Ich will Ihnen dafür gestehen, dass die Dame eine Italienerin ist, in deren Gesellschaft ich auch Neapel besucht habe. Kann das aber nicht alles Zufall sein?'

Ich muss es Ihrer eigenen Beurteilung überlassen, ob Sie sich alle diese Zusammenhänge durch die Annahme eines Zufalls aufklären können. Ich sage Ihnen aber, jeder ähnliche Fall, den Sie analysieren wollen, wird Sie auf ebenso merkwürdige 'Zufälle' führen.

Ich habe mehrere Gründe, diese kleine Analyse, für deren Überlassung ich meinem damaligen Reisegenossen Dank schulde, zu schätzen. Erstens, weil mir in diesem Falle gestattet war, aus einer Quelle zu schöpfen, die mir sonst versagt ist. Ich bin zumeist genötigt, die Beispiele von psychischer Funktionsstörung im täglichen Leben, die ich hier zusammenstelle, meiner Selbstbeobachtung zu entnehmen. Das weit reichere Material, das mir meine neurotischen Patienten liefern, suche ich zu vermeiden, weil ich den Einwand fürchten muss, die betreffenden Phänomene seien eben Erfolge und Äusserungen der Neurose. Es hat also besonderen Wert für meine Zwecke, wenn sich eine nervengesunde fremde Person zum Objekt einer solchen Untersuchung erbietet. In anderer Hinsicht wird mir diese Analyse bedeutungsvoll, indem sie einen Fall von Wortvergessen *ohne* Ersatzerinnern beleuchtet und meinen vorhin aufgestellten Satz bestätigt, dass das Auftauchen oder Ausbleiben von unrichtigen Ersatzerinnerungen eine wesentliche Unterscheidung nicht begründen kann.

Der Hauptwert des Beispieles: *aliquis* ist aber in einem anderen seiner Unterschiede von dem Falle: *Signorelli* gelegen. Im letzteren Beispiel wird die Reproduktion des Namens gestört durch die Nachwirkung eines Gedankenganges, der kurz vorher begonnen und abgebrochen wurde, dessen Inhalt aber in keinem deutlichen Zusammenhang mit dem neuen Thema stand, in dem der Name Signorelli enthalten war. Zwischen dem verdrängten und dem Thema des vergessenen Namens bestand bloss die Beziehung der zeitlichen Kontiguität; dieselbe reichte hin, damit sich die beiden durch eine äusserliche Assoziation in Verbindung setzen konnten. Im Beispiele: *aliquis* hingegen ist von einem solchen unabhängigen verdrängten Thema, welches unmittelbar vorher das bewusste Denken beschäftigt hätte und nun als Störung nachklänge, nichts zu merken. Die Störung der Reproduktion erfolgt hier aus dem Inneren des angeschlagenen Themas heraus, indem sich unbewusst ein Widerspruch gegen die im Zitat dargestellte Wunschidee erhebt. Man muss sich den Hergang in folgender Art konstruieren: Der Redner hat bedauert, dass die gegenwärtige Generation seines Volkes in ihren Rechten verkürzt wird; eine neue Generation, weissagt er wie Dido, wird die Rache an den Bedrängern übernehmen. Er hat also den Wunsch nach Nachkommenschaft ausgesprochen. In diesem Momente fährt ihm ein widersprechender Gedanke dazwischen. „Wünschest du dir Nachkommenschaft wirklich so lebhaft? Das ist nicht wahr. In welche Verlegenheit kämest du, wenn du jetzt die Nachricht erhieltest, dass du von der einen Seite, die du kennst, Nachkommen zu erwarten hast? Nein, keine Nachkommenschaft, – wiewohl wir sie für die Rache brauchen.“ Dieser Widerspruch bringt sich nun zur Geltung, indem er genau wie im Beispiel Signorelli eine äusserliche Assoziation zwischen einem seiner Vorstellungselemente und einem Elemente des beanstandeten Wunsches herstellt, und zwar diesmal auf eine höchst gewaltsame Weise durch einen gekünstelt erscheinenden Assoziationsumweg. Eine zweite wesentliche

Übereinstimmung mit dem Beispiel Signorelli ergibt sich daraus, dass der Widerspruch aus verdrängten Quellen stammt und von Gedanken ausgeht, welche eine Abwendung der Aufmerksamkeit hervorrufen würden. – Soviel über die Verschiedenheit und über die innere Verwandtschaft der beiden Paradigmata des Namenvergessens. Wir haben einen zweiten Mechanismus des Vergessens kennen gelernt, die

Störung eines Gedankens durch einen aus dem Verdrängten kommenden inneren Widerspruch. Wir werden diesem Vorgang, der uns als der leichter verständliche erscheint, im Laufe dieser Erörterungen noch wiederholt begegnen.

III. Über die Deckerinnerungen.

In einer zweiten Abhandlung (1899 in der *Monatsschrift für Psychiatrie und Neurologie* veröffentlicht) habe ich die tendenziöse Natur unseres Erinnerns an unvermuteter Stelle nachweisen können. Ich bin von der auffälligen Tatsache ausgegangen, dass die frühesten Kindheitserinnerungen einer Person häufig bewahrt zu haben scheinen, was gleichgiltig und nebensächlich ist, während von wichtigen, eindrucksvollen und affektreichen Eindrücken dieser Zeit (häufig, gewiss nicht allgemein!) sich im Gedächtnis des Erwachsenen keine Spur vorfindet. Da es bekannt ist, dass das Gedächtnis unter den ihm dargebotenen Eindrücken eine Auswahl trifft, stände man hier vor der Annahme, dass diese Auswahl im Kindesalter nach ganz anderen Prinzipien vor sich geht, als zur Zeit der intellektuellen Reife. Eingehende Untersuchung weist aber nach, dass diese Annahme überflüssig ist. Die indifferenten Kindheitserinnerungen verdanken ihre Existenz einem Verschiebungsvorgang; sie sind der Ersatz in der Reproduktion für andere wirklich bedeutsame Eindrücke, deren Erinnerung sich durch psychische Analyse aus ihnen entwickeln lässt, deren direkte Reproduktion aber durch einen Widerstand gehindert ist. Da sie ihre Erhaltung nicht dem eigenen Inhalt, sondern einer assoziativen Beziehung ihres Inhaltes zu einem anderen, verdrängten, verdanken, haben sie auf den Namen „Deckerinnerungen“, mit welchem ich sie ausgezeichnet habe, begründeten Anspruch.

Die Mannigfaltigkeiten in den Beziehungen und Bedeutungen der Deckerinnerungen habe ich in dem erwähnten Aufsatze nur gestreift, keineswegs erschöpft. An dem dort ausführlich analysierten Beispiel habe ich eine Besonderheit der zeitlichen Relation zwischen der

Deckerinnerung und dem durch sie gedeckten Inhalt besonders hervorgehoben. Der Inhalt der Deckerinnerung gehörte dort nämlich einem der ersten Kinderjahre an, während die durch sie im Gedächtnis vertretenen Gedankenerlebnisse, die fast unbewusst geblieben waren, in späte Jahre des Betreffenden fielen. Ich nannte diese Art der Verschiebung eine *rückgreifende* oder *rückläufige*. Vielleicht noch häufiger begegnet man dem entgegengesetzten Verhältnis, dass ein indifferenter Eindruck der jüngsten Zeit sich als Deckerinnerung im Gedächtnis festsetzt, der diese Auszeichnung nur der Verknüpfung mit einem früheren Erlebnis verdankt, gegen dessen direkte Reproduktion sich Widerstände erheben. Dies wären *vorgreifende* oder *vorgeschobene* Deckerinnerungen. Das Wesentliche, was das Gedächtnis bekümmert, liegt hier der Zeit nach ***hinter*** der Deckerinnerung. Endlich wird der dritte noch mögliche Fall nicht vermisst, dass die Deckerinnerung nicht nur durch ihren Inhalt, sondern auch durch Kontiguität in der Zeit mit dem von ihr gedeckten Eindruck verknüpft ist, also die *gleichzeitige* oder *anstossende* Deckerinnerung.

Ein wie grosser Teil unseres Gedächtnisschatzes in die Kategorie der Deckerinnerungen gehört, und welche Rolle bei verschiedenen neurotischen Denkvorgängen diesen zufällt, das sind Probleme, in deren Würdigung ich weder dort eingegangen bin, noch hier eintreten werde. Es kommt mir nur darauf an, die Gleichartigkeit zwischen dem Vergessen von Eigennamen mit Fehlerinnern und der Bildung der Deckerinnerungen hervorzuheben.

Auf den ersten Anblick sind die Verschiedenheiten der beiden Phänomene weit auffälliger als ihre etwaigen Analogien. Dort handelt es sich um Eigennamen, hier um komplette Eindrücke, um entweder in der Realität oder in Gedanken Erlebtes; dort um ein manifestes Versagen der Erinnerungsfunktion, hier um eine Erinnerungsleistung, die uns befremdend erscheint; dort um eine momentane Störung – denn der eben vergessene Name kann vorher hundert Male richtig reproduziert worden sein und es von morgen an wieder werden –, hier um dauernden Besitz ohne Ausfall, denn die indifferenten Kindheitserinnerungen scheinen uns durch ein langes Stück unseres Lebens begleiten zu können. Das Rätsel scheint in diesen beiden Fällen ganz anders orientiert zu sein. Dort ist es das Vergessen, hier das Merken, was unsere wissenschaftliche Neugierde rege macht. Nach einiger Vertiefung merkt man, dass trotz der Verschiedenheit im psychischen Material und in der Zeitdauer der beiden Phänomene die Übereinstimmungen weit überwiegen. Es handelt sich hier wie dort um das Fehlgehen des Erinnerns; es wird nicht das vom Gedächtnis reproduziert, was korrekterweise reproduziert werden sollte, sondern etwas anderes zum Ersatz. Dem Falle des Namenvergessens fehlt nicht die Gedächtnisleistung in der Form der Ersatznamen. Der Fall der Deckerinnerungsbildung beruht auf dem Vergessen von anderen wesentlichen Eindrücken. In beiden Fällen gibt uns eine intellektuelle Empfindung Kunde von der Einmengung einer Störung, nur jedesmal in anderer Form. Beim Namenvergessen *wissen* wir, dass die Ersatznamen *falsch* sind; bei den Deckerinnerungen *verwundern* wir uns, dass wir sie überhaupt besitzen. Wenn dann die psychologische Analyse nachweist, dass die Ersatzbildung in beiden Fällen auf die nämliche Weise durch Verschiebung längs einer oberflächlichen Assoziation zustande gekommen ist, so tragen gerade die Verschiedenheiten im Material, in der Zeitdauer und in der Zentrierung der beiden Phänomene dazu bei, unsere Erwartung zu steigern, dass wir etwas Wichtiges und Allgemeingiltiges aufgefunden haben. Dieses Allgemeine würde lauten, dass das Versagen und Irregehen der reproduzierenden Funktion weit häufiger, als wir vermuten, auf die Einmengung eines parteiischen Faktors, einer *Tendenz* hinweist, welche die eine Erinnerung begünstigt, während sie einer anderen entgegenzuarbeiten bemüht ist.

IV. Das Versprechen.

Wenn das gebräuchliche Material unserer Rede in der Muttersprache gegen das Vergessen geschützt erscheint, so unterliegt dessen Anwendung um so häufiger einer anderen Störung, die als „Versprechen“ bekannt ist. Das beim normalen Menschen beobachtete Versprechen macht den Eindruck der Vorstufe für die unter pathologischen Bedingungen auftretenden sogen. „Paraphasien“.

Ich befinde mich hier in der ausnahmsweisen Lage, eine Vorarbeit würdigen zu können. Im Jahre 1895 haben Meringer und *C. Mayer* eine Studie über *“Versprechen und Verlesen“* publiziert, an deren Gesichtspunkte die meinigen nicht heranreichen. Der eine der Autoren, der im Texte das Wort führt, ist nämlich Sprachforscher und ist von linguistischen Interessen zur Untersuchung veranlasst worden, den Regeln nachzugehen, nach denen man sich verspricht. Er hoffte aus diesen Regeln auf das Vorhandensein „eines gewissen geistigen Mechanismus“ schliessen zu können, „in welchem die Laute eines Wortes, eines Satzes, und auch die Worte untereinander in ganz eigentümlicher Weise verbunden und verknüpft sind“.

Die Autoren gruppieren die von ihnen gesammelten Beispiele des „Versprechens“ zunächst nach rein deskriptiven Gesichtspunkten als *Vertauschungen* (z. B. die Milo von Venus anstatt Venus von Milo). *Vorklänge* oder *Antizipationen* (z. B. es war mir auf der Schwest... auf der Brust so schwer), *Nachklänge, Postpositionen* (z. B. ‘Ich fordere Sie *auf, auf* das Wohl unseres Chefs aufzustossen’ für anzustossen), *Kontaminationen* (z. B. ‘Er setzt sich auf den Hinterkopf’ aus: ‘Er setzt sich einen Kopf auf’ und: ‘Er stellt sich auf die Hinterbeine’), *Substitutionen* (z. B. ‘Ich gebe die Präparate in den Briefkasten’ statt Brütkasten), zu welchen Hauptkategorien noch einige minder wichtige (oder für unsere Zwecke minder bedeutsame) hinzugefügt werden. Es macht bei dieser Gruppierung keinen Unterschied, ob die Umstellung, Entstellung, Verschmelzung etc. einzelne Laute des Wortes, Silben oder ganze Worte des intendierten Satzes betrifft.

Zur Erklärung der beobachteten Arten des Versprechens stellt *Meringer* eine verschiedene psychische Wertigkeit der Sprachlaute auf. Wenn wir den ersten Laut eines Wortes, das erste Wort eines Satzes innervieren, wendet sich bereits der Erregungsvorgang den späteren

Lauten, den folgenden Worten zu, und soweit diese Innervationen mit einander gleichzeitig sind, können sie einander abändernd beeinflussen. Die Erregung des psychisch intensiveren Lautes klingt vor oder hallt nach und stört so den minderwertigen Innervationsvorgang. Es handelt sich nun darum, zu bestimmen, welche die höchstwertigen Laute eines Wortes sind. *Meringer* meint: 'Wenn man wissen will, welchem Laute eines Wortes die höchste Intensität zukommt, so beobachte man sich beim Suchen nach einem vergessenen Wort, z. B. einem Namen. Was zuerst wieder ins Bewusstsein kommt, hatte jedenfalls die grösste Intensität vor dem Vergessen. Die hochwertigen Laute sind also der Anlaut der Wurzelsilbe und der Wortanlaut und der oder die betonten Vokale'.

Ich kann nicht umhin, hier einen Widerspruch zu erheben. Ob der Anlaut des Namens zu den höchstwertigen Elementen des Wortes gehöre oder nicht, es ist gewiss nicht richtig, dass er im Falle des Wortvergessens zuerst wieder ins Bewusstsein tritt; die obige Regel ist also unbrauchbar. Wenn man sich bei der Suche nach einem vergessenen Namen beobachtet, so wird man verhältnismässig häufig die Überzeugung äussern müssen, er fange mit einem bestimmten Buchstaben an. Diese Überzeugung erweist sich nun ebenso oft als unbegründet wie als begründet. Ja, ich möchte behaupten, man proklamiert in der Mehrzahl der Fälle einen falschen Anlaut. Auch in unserem Beispiel: *Signorelli* ist bei dem Ersatznamen der Anlaut und sind die wesentlichen Silben verloren gegangen; gerade das minderwertige Silbenpaar *elli* ist im Ersatznamen Botti *celli* dem Bewusstsein wiedergekehrt.

Wenn man der Vermutung Raum gibt, dass ein ähnlicher Mechanismus wie der fürs Namenvergessen nachgewiesene auch an den Erscheinungen des Versprechens Anteil haben könne, so wird man zu einer tiefer begründeten Beurteilung der Fälle von Versprechen geführt. Die Störung in der Rede, welche sich als Versprechen kundgibt, kann erstens verursacht sein durch den Einfluss eines anderen Bestandteils derselben Rede, also durch das Vorklingen oder Nachhallen, oder durch eine zweite Fassung innerhalb des Satzes oder des Zusammenhanges, den auszusprechen man intendiert – hierher gehören alle oben *Meringer* und *Mayer* entlehnten Beispiele –; zweitens aber könnte die Störung analog dem Vorgang im Falle: *Signorelli* zustande kommen durch Einflüsse *ausserhalb* dieses Wortes, Satzes oder Zusammenhanges, von Elementen her, die auszusprechen man nicht intendiert, und von deren Erregung man erst durch eben die Störung Kenntnis erhält. In der Gleichzeitigkeit der Erregung läge das Gemeinsame, in der Stellung innerhalb oder ausserhalb desselben Satzes oder Zusammenhanges das Unterscheidende für die beiden Entstehungsarten des Versprechens. Der Unterschied erscheint zunächst nicht so gross, als er für gewisse Folgerungen aus der Symptomatologie des Versprechens in Betracht kommt. Es ist aber klar, dass man nur im ersteren Falle Aussicht hat, aus den Erscheinungen des Versprechens Schlüsse auf einen Mechanismus zu ziehen, der Laute und Worte zur gegenseitigen Beeinflussung ihrer Artikulation mit einander verknüpft, also Schlüsse, wie sie der Sprachforscher aus dem Studium des Versprechens zu gewinnen hoffte. Im Falle der Störung durch Einflüsse ausserhalb des nämlichen Satzes oder Redezusammenhanges würde es sich vor allem darum handeln, die störenden Elemente kennen zu lernen, und dann entstände die Frage, ob auch der Mechanismus dieser Störung die zu vermutenden Gesetze der Sprachbildung verraten kann.

Man darf nicht behaupten, dass *Meringer* und *Mayer* die Möglichkeit der Sprechstörung durch „kompliziertere psychische Einflüsse", durch Elemente ausserhalb desselben Wortes, Satzes oder derselben Redefolge übersehen haben. Sie mussten ja bemerken, dass die Theorie der psychischen Ungleichwertigkeit der Laute strenge genommen nur für die Aufklärung der Lautstörungen, sowie der Vor- und Nachklänge ausreicht. Wo sich die Wortstörungen nicht auf Lautstörungen reduzieren lassen, z. B. bei den Substitutionen und Kontaminationen von Worten, haben auch sie unbedenklich die Ursache des Versprechens *ausserhalb* des intendierten Zusammenhanges gesucht und diesen Sachverhalt durch schöne Beispiele erwiesen. Ich zitiere folgende Stellen:

"Ru. erzählt von Vorgängen, die er in seinem *Innern* für „Schweinereien" erklärt. Er sucht aber nach einer milden Form und beginnt: „Dann aber sind Tatsachen zum *Vorschwein* gekommen ...“ *Mayer* und ich waren anwesend und Ru. bestätigte, dass er „Schweinereien“ gedacht hatte. Dass sich dieses gedachte Wort bei „Vorschein“ verriet und plötzlich wirksam wurde, findet in der Ähnlichkeit der Wörter seine genügende Erklärung.“ –

“Auch bei den Substitutionen spielen wie bei den Kontaminationen und in wahrscheinlich viel höherem Grade die „schwebenden“ oder „vagierenden“ Sprachbilder eine grosse Rolle. Sie sind, wenn auch unter der Schwelle des Bewusstseins, so doch noch in wirksamer Nähe, können leicht durch eine Ähnlichkeit des zu sprechenden Komplexes herangezogen werden und führen dann eine Entgleisung herbei oder kreuzen den Zug der Wörter. Die „schwebenden“ oder „vagierenden“ Sprachbilder sind, wie gesagt, oft die Nachzügler von kürzlich abgelaufenen Sprachprozessen (Nachklänge).“

“Eine Entgleisung ist auch durch Ähnlichkeit möglich, wenn ein anderes ähnliches Wort nahe unter der Bewusstseinsschwelle liegt, *ohne dass es gesprochen zu werden bestimmt wäre*. Das ist der Fall bei den Substitutionen. – So hoffe ich, dass man beim Nachprüfen meine Regeln wird bestätigen müssen. Aber dazu ist notwendig, *dass man* (wenn ein anderer spricht) sich Klarheit darüber verschafft, an was Alles der Sprecher gedacht hat Hier ein lehrreicher Fall. Klassendirektor Li. sagte in unserer Gesellschaft: „Die Frau würde mir Furcht ein lagen.“ Ich wurde stutzig, denn das l schien mir unerklärlich. Ich erlaubte mir, den Sprecher auf seinen Fehler „ein lagen“ für „ein jagen“ aufmerksam zu machen, worauf er sofort antwortete: „ Ja, das kommt daher, weil ich dachte: ich wäre nicht in der Lage u. s. f.“

‘Ein anderer Fall. Ich frage R. v. Schid., wie es seinem kranken Pferde gehe. Er antwortet: ‘Ja, das *draut* .. dauert vielleicht noch einen Monat.’ Das ‘draut’ mit seinem r war mir unverständlich, denn das r von dauert konnte unmöglich so gewirkt haben. Ich machte also R. v. S. aufmerksam, worauf er erklärte, er habe gedacht, ‘das ist eine *traurige* Geschichte.’ Der Sprecher hatte also zwei Antworten im Sinne und diese vermengten sich.’

Es ist wohl unverkennbar, wie nahe die Rücksichtnahme auf die 'vagierenden' Sprachbilder, die unter der Schwelle des Bewusstseins stehen und nicht zum Gesprochenwerden bestimmt sind, und die Forderung, sich zu erkundigen, an was der Sprecher alles gedacht habe, an die Verhältnisse bei unseren 'Analysen' herankommen. Auch wir suchen unbewusstes Material, und zwar auf dem nämlichen Wege, nur dass wir von den Einfällen des Befragten bis zur Auffindung des störenden Elementes einen längeren Weg durch eine komplexe Assoziationsreihe zurückzulegen haben.

Ich verweile noch bei einem anderen interessanten Verhalten, für das die Beispiele *Meringers* Zeugnis ablegen. Nach der Einsicht des Autors selbst ist es irgend eine Ähnlichkeit eines Wortes im intendierten Satz mit einem anderen nicht intendierten, welche dem letzteren gestattet, sich durch die Verursachung einer Entstellung, Mischbildung, Kompromissbildung (Kontamination) im Bewusstsein zur Geltung zu bringen.

lagen, dauert, Vorschein.
jagen, traurig, ...schwein.

Nun habe ich in meiner Schrift über die 'Traumdeutung' dargetan, welchen Anteil die Verdichtungsarbeit an der Entstehung des sog. manifesten Trauminhaltes aus den latenten Traumgedanken hat. Irgend eine Ähnlichkeit der Dinge oder der Wortvorstellungen zwischen zwei Elementen des unbewussten Materials wird da zum Anlass genommen, um ein Drittes, eine Misch- oder Kompromissvorstellung zu schaffen, welche im Trauminhalt ihre beiden Komponenten vertritt, und die infolge dieses Ursprungs so häufig mit widersprechenden Einzelbestimmungen ausgestattet ist. Die Bildung von Substitutionen und Kontaminationen beim Versprechen ist somit ein Beginn jener Verdichtungsarbeit, die wir in eifrigster Tätigkeit am Aufbau des Traumes beteiligt finden.

In einem kleinen für weitere Kreise bestimmten Aufsatz (*Neue freie Presse vom 23. Aug. 1900: 'Wie man sich versprechen kann'*) hat *Meringer* eine besondere praktische Bedeutung für gewisse Fälle von

Wortvertauschungen in Anspruch genommen, für solche nämlich, in denen man ein Wort durch sein Gegenteil dem Sinne nach ersetzt. 'Man erinnert sich wohl noch der Art, wie vor einiger Zeit der Präsident des österreichischen Abgeordnetenhauses die Sitzung *eröffnete*:"Hohes Haus! Ich konstatiere die Anwesenheit von so und soviel Herren und erkläre somit die Sitzung für *geschlossen*!" Die allgemeine Heiterkeit machte ihn erst aufmerksam, und er verbesserte den Fehler. Im vorliegenden Falle wird die Erklärung wohl diese sein, dass der Präsident sich *wünschte*, er wäre schon in der Lage, die Sitzung, von der wenig Gutes zu erwarten stand, zu schliessen, aber – eine häufige Erscheinung – der Nebengedanke setzte sich wenigstens teilweise durch, und das Resultat war „geschlossen" für „eröffnet", also das Gegenteil dessen, was zu sprechen beabsichtigt war. Aber vielfältige Beobachtung hat mich belehrt, dass man gegensätzliche Worte überhaupt sehr häufig mit einander vertauscht; sie sind eben schon in unserem Sprachbewusstsein assoziiert, liegen hart nebeneinander und werden leicht irrtümlich aufgerufen.'

Nicht in allen Fällen von Gegensatzvertauschung wird es so leicht, wie hier im Beispiel des Präsidenten, wahrscheinlich zu machen, dass das Versprechen in Folge eines Widerspruchs geschieht, der sich im Innern des Redners gegen den geäusserten Satz erhebt. Wir haben den analogen Mechanismus in der Analyse des Beispiels: *aliquis* gefunden; dort äusserte sich der innere Widerspruch im Vergessen eines Wortes anstatt seiner Ersetzung durch das Gegenteil. Wir wollen aber zur Ausgleichung des Unterschiedes bemerken, dass das Wörtchen *aliquis* eines ähnlichen Gegensatzes, wie ihn „schliessen" zu „eröffnen" ergibt, eigentlich nicht fähig ist, und das „eröffnen" als gebräuchlicher Bestandteil des Redeschatzes dem Vergessen nicht unterworfen sein kann.

Zeigen uns die letzten Beispiele von Meringer und *Mayer*, dass die Sprechstörung ebensowohl durch den Einfluss vor- und nachklingender Laute und Worte desselben Satzes entstehen kann, die zum Ausgesprochenwerden bestimmt sind, wie durch die Einwirkung von Worten ausserhalb des intendierten Satzes, *deren Erregung sich sonst nicht verraten hätte*, so werden wir zunächst erfahren wollen, ob man die beiden Klassen von Versprechen scharf sondern, und wie man ein Beispiel der einen von einem Fall der anderen Klasse unterscheiden kann. An dieser Stelle der Erörterung muss man aber der Äusserungen *Wundts* gedenken, der in seiner eben erscheinenden umfassenden Bearbeitung der Entwicklungsgesetze der Sprache auch die Erscheinungen des Versprechens behandelt. Was bei diesen Erscheinungen und anderen, ihnen verwandten, niemals fehlt, das sind nach *Wundt* gewisse psychische Einflüsse. 'Dahin gehört zunächst als positive Bedingung der ungehemmte Fluss der von den gesprochenen Lauten angeregten *Laut-* und *Wortassoziationen*. Ihm tritt der Wegfall oder der Nachlass der diesen Lauf hemmenden Wirkungen des Willens und der auch hier als Willensfunktion sich betätigenden Aufmerksamkeit als negatives Moment zur Seite. Ob jenes Spiel der Assoziation darin sich äussert, das ein kommender Laut antizipiert oder die vorausgegangenen reproduziert, oder ein gewohnheitsmässig eingeübter zwischen andere eingeschaltet wird, oder endlich darin, dass ganz andere Worte, die mit den gesprochenen Lauten in assoziativer Beziehung stehen, auf diese herüberwirken – alles dies bezeichnet nur Unterschiede in der Richtung und allenfalls in dem Spielraum der stattfindenden Assoziationen, nicht in der allgemeinen Natur derselben. Auch kann es in manchen Fällen zweifelhaft sein, welcher Form man eine bestimmte Störung zuzurechnen, oder ob man sie nicht mit grösserem Rechte nach dem Prinzip der Komplikation der Ursachen auf ein Zusammentreffen mehrerer Motive zurückzuführen habe.'

Ich halte diese Bemerkungen *Wundts* für vollberechtigt und sehr instruktiv. Vielleicht könnte man mit grösserer Entschiedenheit als *Wundt* betonen, dass das positiv begünstigende Moment der Sprechfehler – der ungehemmte Fluss der Assoziationen – und das negative – der Nachlass der hemmenden Aufmerksamkeit – regelmässig miteinander zur Wirkung gelangen, so dass beide Momente nur zu verschiedenen Bestimmungen des nämlichen Vorganges werden. Mit dem Nachlass der hemmenden Aufmerksamkeit tritt eben der ungehemmte Fluss der Assoziationen in Tätigkeit; noch unzweifelhafter ausgedrückt: *durch* diesen Nachlass.

Unter den Beispielen von Versprechen, die ich selbst gesammelt, finde ich kaum eines, bei dem ich die Sprechstörung einzig und allein auf das, was *Wundt* "Kontaktwirkung der Laute" nennt, zurückführen müsste. Fast regelmässig entdecke ich überdies einen störenden Einfluss von etwas *ausserhalb* der intendierten Rede, und das Störende ist entweder ein einzelner, unbewusst gebliebener Gedanke, der sich durch das Versprechen kundgibt und oft erst durch eingehende Analyse zum Bewusstsein gefördert werden kann, oder es ist ein allgemeineres psychisches Motiv, welches sich gegen die ganze Rede richtet.

1. Beispiel: Ich will gegen meine Tochter, die beim Einbeissen in einen Apfel ein garstiges Gesicht geschnitten hat, zitieren:

> Der Affe gar possierlich ist,
> Zumal wenn er vom Apfel frisst.

Ich beginne aber: Der *Apfe*... Dies scheint eine Kontamination von „*Affe*" und „*Apfel*" (Kompromissbildung) oder kann auch als Antizipation des vorbereiteten „Apfel" aufgefasst werden. Der genauere Sachverhalt ist aber der: Ich hatte das Zitat schon einmal begonnen und mich das erstemal dabei nicht versprochen. Ich versprach mich erst bei der Wiederholung, die sich als notwendig ergab, weil die Angesprochene, von anderer Seite mit Beschlag belegt, nicht zuhörte. Diese Wiederholung, die mit ihr verbundene Ungeduld, des Satzes ledig zu werden, muss ich in die Motivierung des Sprechfehlers, der sich als eine Verdichtungsleistung darstellt, mit einrechnen.

2. Meine Tochter sagt: Ich schreibe der Frau Schresinger ... Die Frau heisst Schlesinger. Dieser Sprechfehler hängt wohl mit einer Tendenz zur Erleichterung der Artikulation zusammen, denn das l ist nach wiederholtem r schwer auszusprechen. Ich muss aber hinzufügen, dass sich dieses Versprechen bei meiner Tochter

ereignete, nachdem ich ihr wenige Minuten zuvor „Apfe“ anstatt „Affe“ vorgesagt hatte. Nun ist das Versprechen in hohem Grade ansteckend, ähnlich wie das Namenvergessen, bei dem *Meringer* und *Mayer* diese Eigentümlichkeit bemerkt haben. Einen Grund für diese psychische Kontagiosität weiss ich nicht anzugeben.

3. 'Ich klappe zusammen wie ein *Tassenmescher – Taschenmesser*', sagt eine Patientin zu Beginn der Stunde, die Laute vertauschend, wobei ihr wieder die Artikulationsschwierigkeit ('Wiener Weiber Wäscherinnen waschen weisse Wäsche – *Fischflosse*' und ähnliche Prüfworte) zur Entschuldigung dienen kann. Auf den Sprechfehler aufmerksam gemacht, erwidert sie prompt: 'Ja, das ist nur, weil Sie heute „Ernscht“ gesagt haben.' Ich hatte sie wirklich mit der Rede empfangen: 'Heute wird es also Ernst' (weil es die letzte Stunde vor dem Urlaub werden sollte) und hatte das „Ernst“ scherzhaft zu „Ernscht“ verbreitert. Im Laufe der Stunde verspricht sie sich immer wieder von neuem, und ich merke endlich, dass sie mich nicht bloss imitiert, sondern dass sie einen besonderen Grund hat, im Unbewussten bei dem Worte Ernst als Namen zu verweilen.

4. 'Ich bin so verschnupft, ich kann nicht durch die *Ase natmen* – Nase atmen' passiert derselben Patientin ein anderes Mal. Sie weiss sofort, wie sie zu diesem Sprechfehler kommt. 'Ich steige jeden Tag in der *Hasenauergasse* in die Tramway, und heute früh ist mir während des Wartens auf den Wagen eingefallen, wenn ich eine Französin wäre, würde ich ***Asenauer*** aussprechen, denn die Franzosen lassen das H im Anlaut immer weg.' Sie bringt dann eine Reihe von Reminiszenzen an Franzosen, die sie kennen gelernt hat, und langt nach weitläufigen Umwegen bei der Erinnerung an, dass sie als 14jähriges Mädchen in dem kleinen Stück 'Kurmärker und Picarde' die Picarde gespielt und damals gebrochen Deutsch gesprochen hat. Die Zufälligkeit, dass in ihrem Logierhaus ein Gast aus Paris angekommen ist, hat die ganze Reihe

von Erinnerungen wachgerufen. Die Lautvertauschung ist also Folge der Störung durch einen unbewussten Gedanken aus einem ganz fremden Zusammenhang.

5. Ähnlich ist der Mechanismus des Versprechens bei einer anderen Patientin, die mitten in der Reproduktion einer längst verschollenen Kindererinnerung von ihrem Gedächtnis verlassen wird. An welche Körperstelle die vorwitzige und lüsterne Hand des Anderen gegriffen hat, will ihr das Gedächtnis nicht mitteilen. Sie macht unmittelbar darauf einen Besuch bei einer Freundin und unterhält sich mit ihr über Sommerwohnungen. Gefragt, wo denn ihr Häuschen in M. gelegen sei, antwortet sie: an der *Berglende* anstatt *Berglehne*.

6. Eine andere Patientin, die ich nach Abbruch der Stunde frage, wie es ihrem Onkel geht, antwortet: 'Ich weiss nicht, ich sehe ihn jetzt nur *in flagranti*'. Am nächsten Tage beginnt sie: 'Ich habe mich recht geschämt, Ihnen eine so dumme Antwort gegeben zu haben. Sie müssen mich natürlich für eine ganz ungebildete Person halten, die beständig Fremdwörter verwechselt. Ich wollte sagen: *en passant*.' Wir wussten damals noch nicht, woher sie die unrichtig angewendeten Fremdworte genommen hatte. In derselben Sitzung aber brachte sie als Fortsetzung des vortägigen Themas eine Reminiszenz, in welcher das Ertapptwerden *in flagranti* die Hauptrolle spielte. Der Sprechfehler am Tage vorher hatte also die damals noch nicht bewusst gewordene Erinnerung antizipiert.

7. Gegen eine Andere muss ich an einer gewissen Stelle der Analyse die Vermutung aussprechen, dass sie sich zu der Zeit, von welcher wir eben handeln, ihrer Familie geschämt und ihrem Vater einen uns noch unbekannten Vorwurf gemacht habe. Sie erinnert sich nicht daran, erklärt es übrigens für unwahrscheinlich. Sie setzt aber das Gespräch mit Bemerkungen über ihre Familie fort: 'Man muss ihnen das eine lassen: Es sind doch besondere Menschen, sie haben alle *Geiz* – ich wollte sagen *Geist*.' Das war denn auch

wirklich der Vorwurf, den sie aus ihrem Gedächtnis verdrängt hatte. Dass sich in dem Versprechen gerade jene Idee durchdrängt, die man zurückhalten will, ist ein häufiges Vorkommnis (Vgl. den Fall von *Meringer*: zum Vorschwein gekommen). Der Unterschied liegt nur darin, dass die Person bei *Meringer* etwas zurückhalten will, was ihr bewusst ist, während meine Patientin das Zurückgehaltene nicht weiss, oder wie man auch sagen kann, nicht weiss, dass sie etwas und was sie zurückhält.

8. 'Wenn Sie Teppiche kaufen wollen, so gehen Sie nur zu Kaufmann in der Mathäusgasse. Ich glaube, ich kann Sie dort auch empfehlen', sagt mir eine Dame. Ich wiederhole: 'Also bei *Mathäus* .... bei *Kaufmann* will ich sagen.' Es sieht aus wie Folge von Zerstreutheit, wenn ich den einen Namen an Stelle des anderen wiederhole. Die Rede der Dame hat mich auch wirklich zerstreut gemacht, denn sie hat meine Aufmerksamkeit auf anderes gelenkt, was mir weit wichtiger ist als Teppiche. In der Mathäusgasse steht nämlich das Haus, in dem meine Frau als Braut gewohnt hatte. Der Eingang des Hauses war in einer anderen Gasse, und nun merke ich, dass ich deren Namen vergessen habe und ihn mir erst auf einem Umweg bewusst machen muss. Der Name Mathäus, bei dem ich verweile, ist mir also ein Ersatzname für den vergessenen Namen der Strasse. Er eignet sich besser dazu als der Name Kaufmann, denn Mathäus ist ausschliesslich ein Personenname, was Kaufmann nicht ist, und die vergessene Strasse heisst auch nach einem Personennamen: Radetzky.

9. Folgenden Fall könnte ich ebenso gut bei den später zu besprechenden „Irrtümern“ unterbringen, führe ihn aber hier an, weil die Lautbeziehungen, auf Grund deren die Wortersetzung erfolgt, ganz besonders deutlich sind. Eine Patientin erzählt mir ihren Traum: Ein Kind hat beschlossen, sich durch einen Schlangenbiss zu töten. Es führt den Entschluss aus. Sie sieht zu, wie es sich in Krämpfen windet usw. Sie soll nun die Tagesanknüpfung für diesen Traum finden. Sie erinnert sofort,

dass sie gestern abends eine populäre Vorlesung über erste Hilfe bei Schlangenbissen mit angehört. Wenn ein Erwachsener und ein Kind gleichzeitig gebissen worden sind, so soll man zuerst die Wunde des Kindes behandeln. Sie erinnert auch, welche Vorschriften für die Behandlung der Vortragende gegeben hat. Es käme sehr viel darauf an, hat er auch geäussert, von welcher Art man gebissen worden ist. Hier unterbreche ich sie und frage: Hat er denn nicht gesagt, dass wir nur sehr wenig giftige Arten in unserer Gegend haben, und welche die gefürchteten sind? 'Ja, er hat die *Klapper*schlange hervorgehoben'. Mein Lachen macht sie dann aufmerksam, dass sie etwas Unrichtiges gesagt hat. Sie korrigiert jetzt aber nicht etwa den Namen, sondern sie nimmt ihre Aussage zurück. 'Ja so, die kommt ja bei uns nicht vor; er hat von der Viper gesprochen. Wie gerate ich nur auf die Klapperschlange?' Ich vermutete, durch die Einmengung der Gedanken, die sich hinter ihrem Traum verborgen hatten. Der Selbstmord durch Schlangenbiss kann kaum etwas anderes sein als eine Anspielung auf die schöne Kleo pat ra. Die weitgehende Lautähnlichkeit der beiden Worte, die Übereinstimmung in den Buchstaben Kl..p..r in der nämlichen Reihenfolge und in dem betonten a sind nicht zu verkennen. Die gute Beziehung zwischen den Namen *Klapper*schlange und *Kleopatra* erzeugt bei ihr eine momentane Einschränkung des Urteils, derzufolge sie an der Behauptung, der Vortragende habe sein Publikum in Wien in der Behandlung von Klapperschlangenbissen unterwiesen, keinen Anstoss nimmt. Sie weiss sonst so gut wie ich, dass diese Schlange nicht zur Fauna unserer Heimat gehört. Wir wollen es ihr nicht verübeln, dass sie an die Versetzung der Klapperschlange nach Egypten ebensowenig Bedenken knüpfte, denn wir sind gewöhnt, alles Aussereuropäische, Exotische zusammenzuwerfen, und ich selbst musste mich einen Moment besinnen, ehe ich die Behauptung aufstellte, dass die Klapperschlange nur der neuen Welt angehört.

Weitere Bestätigungen ergeben sich bei Fortsetzung der Analyse. Die Träumerin hat gestern zum erstenmal die in der Nähe ihrer Wohnung aufgestellte *Antonius*gruppe von *Strasser* besichtigt. Dies war also der zweite Traumanlass (der erste der Vortrag über Schlangenbisse). In der Fortsetzung ihres Traumes wiegte sie ein Kind in ihren Armen, zu welcher Szene ihr das Gretchen einfällt. Weitere Einfälle bringen Reminiszenzen an „*Arria* und *Messalina*". Das Auftauchen so vieler Namen von Theaterstücken in den Traumgedanken lässt bereits vermuten, dass bei der Träumerin in früheren Jahren eine geheim gehaltene Schwärmerei für den Beruf der Schauspielerin bestand. Der Anfang des Traumes: ‘Ein Kind hat beschlossen, sein Leben durch einen Schlangenbiss zu enden’, bedeutet wirklich nichts anderes als: Sie hat sich als Kind vorgenommen, einst eine berühmte Schauspielerin zu werden. Von dem Namen *Messalina* zweigt endlich der Gedankenweg ab, der zu dem wesentlichen Inhalt dieses Traumes führt. Gewisse Vorfälle der letzten Zeit haben in ihr die Besorgnis erweckt, dass ihr einziger Bruder eine nicht standesgemässe Ehe mit einer Nicht- *Arierin,* eine *Mésalliance* eingehen könnte.

Bei dem psychotherapeutischen Verfahren, dessen ich mich zur Auflösung und Beseitigung neurotischer Symptome bediene, ist sehr häufig die Aufgabe gestellt, aus den wie zufällig vorgebrachten Reden und Einfällen des Patienten einen Gedankeninhalt aufzuspüren, der zwar sich zu verbergen bemüht ist, aber doch nicht umhin kann, sich in mannigfaltigster Weise unabsichtlich zu verraten. Dabei leistet oft das Versprechen die wertvollsten Dienste, wie ich an den überzeugendsten und andererseits sonderbarsten Beispielen dartun könnte. Die Patienten sprechen z. B. von ihrer Tante und nennen sie konsequent, ohne das Versprechen zu merken, „meine Mutter", oder bezeichnen ihren Mann als ihren „Bruder". Sie machen mich auf diese Weise aufmerksam, dass sie diese Personen miteinander „identifiziert", in eine Reihe gebracht haben, welche für ihr Gefühlsleben die Wiederkehr desselben Typus bedeutet. Andere Male reicht eine ungewöhnlich klingende Wortfügung, eine gezwungen erscheinende Ausdrucksweise hin, um den Anteil eines verdrängten Gedankens an der anders motivierten Rede des Patienten aufzudecken.

In groben wie in solchen feineren Redestörungen, die sich eben noch dem „Versprechen“ subsumieren lassen, finde ich also nicht den Einfluss von Kontaktwirkungen der Laute, sondern den von Gedanken ausserhalb der Redeintention massgebend für die Entstehung des Versprechens und hinreichend zur Aufhellung des zustande gekommenen Sprechfehlers. Die Gesetze, nach denen die Laute verändernd auf einander einwirken, möchte ich nicht anzweifeln; sie scheinen mir aber nicht wirksam genug, um für sich allein die korrekte Ausführung der Rede zu stören. In den Fällen, die ich genauer studiert und durchschaut habe, stellen sie bloss den vorgebildeten Mechanismus dar, dessen sich ein ferner gelegenes psychisches Motiv bequemerweise bedient, ohne sich aber an den Machtbereich dieser Beziehungen zu binden. In einer grossen Reihe von Substitutionen wird beim Versprechen von solchen Lautgesetzen völlig abgesehen. Ich befinde mich hierbei in voller Übereinstimmung mit *Wundt*, der gleichfalls die Bedingungen des Versprechens als zusammengesetzte und weit über die Kontaktwirkungen der Laute hinausgehende vermutet.

Wenn ich diese „entfernteren psychischen Einflüsse“ nach *Wundts* Ausdruck für gesichert halte, so weiss ich andererseits von keiner Abhaltung, um auch zuzugeben, dass bei beschleunigter Rede und einigermassen abgelenkter Aufmerksamkeit die Bedingungen fürs Versprechen sich leicht auf das von *Meringer* und *Mayer* bestimmte Mass einschränken können. Bei einem Teil der von diesen Autoren gesammelten Beispiele ist wohl eine kompliziertere Auflösung wahrscheinlicher. Ich greife etwa den vorhin angeführten Fall heraus:

> Es war mir auf der *Schwest...*
> *Brust* so *schwer*.

Geht es hier wohl so einfach zu, dass das *schwe* das gleichwertige *Bru* als Vorklang verdrängt? Es ist kaum abzuweisen, dass die

Laute *schwe* ausserdem durch eine besondere Relation zu dieser Vordringlichkeit befähigt werden. Diese könnte dann keine andere sein als die Assoziation: *Schwester – Bruder,* etwa noch: *Brust* der *Schwester,* die zu anderen Gedankenkreisen hinüberleitet. Dieser hinter der Szene unsichtbare Helfer verleiht dem sonst harmlosen *schwe* die Macht, deren Erfolg sich als Sprechfehler äussert.

Für anderes Versprechen lässt sich annehmen, dass der Anklang an obszöne Worte und Bedeutungen das eigentlich Störende ist. Die absichtliche Entstellung und Verzerrung der Worte und Redensarten, die bei unartigen Menschen so beliebt ist, bezweckt nichts anderes, als beim harmlosen Anlass an das Verpönte zu mahnen, und diese Spielerei ist so häufig, dass es nicht wunderbar wäre, wenn sie sich auch unabsichtlich und wider Willen durchsetzen sollte. Beispiele wie: *Eischeissweibchen* für *Eiweissscheibchen, Apopos* Fritz für *Apropos, Lo kuskapitäl* für *Lotuskapitäl* etc. vielleicht noch die Alab üsterb achse (Alabasterbüchse) der hl. Magdalena gehören wohl in diese Kategorie. 'Ich fordere Sie auf, auf das Wohl unseres Chefs *aufz*ustossen', ist kaum etwas anderes als eine unbeabsichtigte Parodie als Nachklang einer beabsichtigten. Wenn ich der Chef wäre, zu dessen Feierlichkeit der Festredner diesen Lapsus beigetragen hätte, würde ich wohl daran denken, wie klug die Römer gehandelt haben, als sie den Soldaten des triumphierenden Imperators gestatteten, den inneren Einspruch gegen den Gefeierten in Spottliedern laut zu äussern. – *Meringer* erzählt von sich selbst, dass er zu einer Person, die als die älteste der Gesellschaft mit dem vertraulichen Ehrennamen „Senexl" oder „altes Senexl" angesprochen wurde, einmal gesagt habe: 'Prost Senex altesl!' Er erschrak selbst über diesen Fehler. Wir können uns vielleicht seinen Affekt deuten, wenn wir daran mahnen, wie nahe „Altesl" an den Schimpf „alter Esel" kommt. Auf die Verletzung der Ehrfurcht vor dem Alter (d. i., auf die Kindheit reduziert, vor dem Vater) sind grosse innere Strafen gesetzt.

Ich hoffe, die Leser werden den Wertunterschied dieser Deutungen, die sich durch nichts beweisen lassen, und der Beispiele, die ich selbst gesammelt und durch Analysen erläutert habe, nicht vernachlässigen. Wenn ich aber im stillen immer noch an der Erwartung festhalte, auch die scheinbar einfachen Fälle von Versprechen würden sich auf Störung durch eine halb unterdrückte Idee *ausserhalb* des intendierten Zusammenhanges zurückführen lassen, so verlockt mich dazu eine sehr beachtenswerte Bemerkung von *Meringer*. Dieser Autor sagt, es ist merkwürdig, dass niemand sich versprochen haben will. Es gibt sehr gescheute und ehrliche Menschen, welche beleidigt sind, wenn man ihnen sagt, sie hätten sich versprochen. Ich getraue mich nicht, diese Behauptung so allgemein zu nehmen, wie sie durch das „niemand" von *Meringer* hingestellt wird. Die Spur Affekt aber, die am Nachweis des Versprechens hängt und offenbar von der Natur des Schämens ist, hat ihre Bedeutung. Sie ist gleichzusetzen dem Ärger, wenn wir einen vergessenen Namen nicht erinnern, und der Verwunderung über die Haltbarkeit einer scheinbar belanglosen Erinnerung, und weist allemale auf die Beteiligung eines Motivs am Zustandekommen der Störung hin.

Das Verdrehen von Namen entspricht einer Schmähung, wenn es absichtlich geschieht, und dürfte in einer ganzen Reihe von Fällen, wo es als unabsichtliches Versprechen auftritt, dieselbe Bedeutung haben. Jene Person, die nach *Mayers* Bericht einmal „ *Freuder*" sagte anstatt *Freud*, weil sie kurz darauf den Namen „ *Breuer*" vorbrachte, ein andermal von einer *Freuer-Breud*schen Methode sprach, war wohl ein Fachgenosse und von dieser Methode nicht sonderlich entzückt. Einen gewiss nicht anders aufzuklärenden Fall von Namensentstellung werde ich weiter unten beim Verschreiben mitteilen. In diesen Fällen mengt sich als störendes Moment eine Kritik ein, welche bei Seite gelassen werden soll, weil sie gerade in dem Zeitpunkte der Intention des Redners nicht entspricht. In anderen und weit bedeutsameren Fällen ist es Selbstkritik, innerer Widerspruch gegen die eigene Äusserung, was zum Versprechen, ja zum Ersatz des Intendierten durch seinen Gegensatz nötigt. Man merkt dann mit Erstaunen, wie der Wortlaut einer Beteuerung die Absicht derselben aufhebt, und wie der Sprechfehler die innere Unaufrichtigkeit blossgelegt hat. Das Versprechen wird hier zu einem mimischen Ausdrucksmittel.

Man gelangt von hier aus zu jenen Redestörungen, die nicht mehr als Versprechen beschrieben werden, weil sie nicht das einzelne Wort, sondern Rhythmus und Ausführung der ganzen Rede beeinträchtigen, wie z. B. das Stammeln und Stottern der Verlegenheit. Aber hier wie dort ist es der innere Konflikt, der uns durch die Störung der Rede verraten wird. Ich glaube wirklich nicht, dass jemand sich versprechen würde in der Audienz bei Seiner Majestät, in einer ernstgemeinten Liebeswerbung, in einer Verteidigungsrede um Ehre und Namen vor den Geschworenen, kurz in all den Fällen, in denen, wie wir so bezeichnend sagen. Selbst bis in die Schätzung des Stils, den ein Autor schreibt, dürfen wir und sind wir gewöhnt, das Erklärungsprinzip zu tragen, welches wir bei der Ableitung des einzelnen Sprechfehlers nicht entbehren können. Eine klare und unzweideutige Schreibweise belehrt uns, dass der Autor hier mit sich einig ist, und wo wir gezwungenen und gewundenen Ausdruck finden, der, wie so richtig gesagt wird, nach mehr als einem Scheine schielt, da können wir den Anteil eines nicht genugsam erledigten, komplizierenden Gedankens erkennen, oder die erstickte Stimme der Selbstkritik des Autors heraushören.

V. Verlesen und Verschreiben.

Dass für die Fehler im Lesen und Schreiben die nämlichen Gesichtspunkte und Bemerkungen Geltung haben, wie für die Sprechfehler, ist bei der inneren Verwandtschaft dieser Funktionen nicht zu verwundern. Ich werde mich hier darauf beschränken, einige sorgfältig analysierte Beispiele mitzuteilen, und keinen Versuch unternehmen, das Ganze der Erscheinungen zu umfassen.

A. Verlesen.

1. Ich durchblättere im Caféhaus eine Nummer der „Leipziger Illustrierten“, die ich schräg vor mir halte, und lese als Unterschrift eines sich über eine Seite erstreckenden Bildes: Eine Hochzeitsfeier *in der Odyssee.* Aufmerksam geworden und

verwundert rücke ich mir das Blatt zurecht und korrigiere jetzt: Eine Hochzeitsfeier *an der Ostsee*. Wie komme ich zu diesem unsinnigen Lesefehler? Meine Gedanken lenken sich sofort auf ein Buch von *Ruths "Experimentaluntersuchungen über Musikphantome etc."*, das mich in der letzten Zeit viel beschäftigt hat, weil es nahe an die von mir behandelten psychologischen Probleme streift. Der Autor verspricht für nächste Zeit ein Werk, welches *"Analyse und Grundgesetze der Traumphänomene"* heissen wird. Kein Wunder, dass ich, der ich eben eine *"Traumdeutung"* veröffentlicht habe, mit grösster Spannung diesem Buch entgegensehe. In der Schrift *Ruths* über Musikphantome fand ich vorne im Inhaltsverzeichnis die Ankündigung des ausführlichen induktiven Nachweises, dass die althellenischen Mythen und Sagen ihre Hauptwurzeln in Schlummer- und Musikphantomen, in Traumphänomenen und auch in Delirien haben. Ich schlug damals sofort im Texte nach, um herauszufinden, ob er auch um die Zurückführung der Szene, wie *Odysseus* vor *Nausikaa* erscheint, auf den gemeinen Nacktheitstraum wisse. Mich hatte ein Freund auf die schöne Stelle in *G. Kellers "Grünem Heinrich"* aufmerksam gemacht, welche diese Episode der Odyssee als Objektivierung der Träume des fern von der Heimat irrenden Schiffers aufklärt, und ich hatte die Beziehung zum Exhibitionstraum der Nacktheit hinzugefügt. Bei Ruths entdeckte ich nichts davon. Mich beschäftigen in diesem Falle offenbar Prioritätsgedanken.

2. Wie kam ich dazu, eines Tages aus der Zeitung zu lesen: '*Im Fass* durch Europa, anstatt: *zu Fuss*?' Diese Auflösung bereitete mir lange Zeit Schwierigkeiten. Die nächsten Einfälle deuteten allerdings: Es müsse das Fass des Diogenes gemeint sein, und in einer Kunstgeschichte hatte ich unlängst etwas über die Kunst zur Zeit Alexanders gelesen. Es lag dann nahe, an die bekannte Rede Alexanders zu denken: Wenn ich nicht Alexander wäre, möchte ich Diogenes sein. Auch schwebte mir etwas von einem

gewissen *Hermann Zeitung* vor, der in eine Kiste verpackt sich auf Reisen begeben hatte. Aber weiter wollte sich der Zusammenhang nicht herstellen, und es gelang mir nicht, die Seite in der Kunstgeschichte wieder aufzuschlagen, auf welcher mir jene Bemerkung ins Auge gefallen war. Erst Monate später fiel mir das bei Seite geworfene Rätsel plötzlich wieder ein, und diesmal zugleich mit seiner Lösung. Ich erinnerte mich an die Bemerkung in einem Zeitungsartikel, was für sonderbare Arten der *Beförderung* die Leute jetzt wählten, um nach Paris zur Weltausstellung zu kommen, und dort war auch, wie ich glaube, scherzhaft mitgeteilt worden, dass irgend ein Herr die Absicht habe, sich von einem anderen Herrn in einem *Fass* nach Paris rollen zu lassen. Natürlich hätten diese Leute kein anderes Motiv, als durch solche Torheiten Aufsehen zu machen. *Hermann Zeitung* war in der Tat der Name desjenigen Mannes, der für solche aussergewöhnliche Beförderungen das erste Beispiel gegeben hatte. Dann fiel mir ein, dass ich einmal einen Patienten behandelt, dessen krankhafte Angst vor der Zeitung sich als Reaktion gegen den krankhaften *Ehrgeiz* auflöste, sich gedruckt und als berühmt in der Zeitung erwähnt zu sehen. Der mazedonische Alexander war gewiss einer der ehrgeizigsten Männer, die je gelebt. Er klagte ja, dass er keinen Homer finden werde, der seine Taten besinge. Aber wie konnte ich nur *nicht daran denken,* dass ein anderer *Alexander* mir näher stehe, dass Alexander der Name meines jüngeren Bruders ist! Ich fand nun sofort den anstössigen und der Verdrängung bedürftigen Gedanken in betreff dieses Alexanders und die aktuelle Veranlassung für ihn. Mein Bruder ist Sachverständiger in Dingen, die Tarife und *Transporte* angehen, und sollte zu einer gewissen Zeit für seine Lehrtätigkeit an einer kommerziellen Hochschule den Titel Professor erhalten. Für die gleiche *Beförderung* bin ich an der Universität seit mehreren Jahren vorgeschlagen, ohne sie erreicht zu haben. Unsere Mutter äusserte damals ihr Befremden darüber, dass ihr kleiner Sohn eher

Professor werden sollte als ihr grosser. So stand es zur Zeit, als ich die Lösung für jenen Leseirrtum nicht finden konnte. Dann erhoben sich Schwierigkeiten auch bei meinem Bruder; seine Chancen, Professor zu werden, fielen noch unter die meinigen. Da aber wurde mir plötzlich der Sinn jenes Verlesens offenbar; es war, als hätte die Minderung in den Chancen des Bruders ein Hindernis beseitigt. Ich hatte mich so benommen, als läse ich die Ernennung des Bruders in der Zeitung, und sagte mir dabei: Merkwürdig, dass man wegen solcher Dummheiten (wie er sie als Beruf betreibt) in der Zeitung stehen (d. h. zum Professor ernannt werden) kann! Die Stelle über die hellenistische Kunst im Zeitalter Alexanders schlug ich dann ohne Mühe auf und überzeugte mich zu meinem Erstaunen, dass ich während des vorherigen Suchens wiederholt auf derselben Seite gelesen und jedesmal wie unter der Herrschaft einer negativen Halluzination den betreffenden Satz übergangen hatte. Dieser enthielt übrigens gar nichts, was mir Aufklärung brachte, was des Vergessens wert gewesen wäre. Ich meine, das Symptom des Nichtauffindens im Buche ist nur zu meiner Irreführung geschaffen worden. Ich sollte die Fortsetzung der Gedankenverknüpfung dort suchen, wo meiner Nachforschung ein Hindernis in den Weg gelegt war, also in irgend einer Idee über den mazedonischen Alexander, und sollte so vom gleichnamigen Bruder sicherer abgelenkt werden. Dies gelang auch vollkommen; ich richtete alle meine Bemühungen darauf, die verlorene Stelle in jener Kunstgeschichte wieder aufzufinden.

Der Doppelsinn des Wortes „*Beförderung*" ist in diesem Falle die Assoziationsbrücke zwischen den zwei Gedankenkreisen, dem unwichtigen, der durch die Zeitungsnotiz angeregt wird, und dem interessanteren, aber anstössigen, der sich hier als Störung des zu Lesenden geltend machen darf. Man ersieht aus diesem Beispiel, dass es nicht immer leicht wird, Vorkommnisse wie diesen Lesefehler aufzuklären. Gelegentlich ist man auch genötigt, die Lösung des Rätsels auf eine günstigere Zeit zu verschieben. Je schwieriger sich aber die Lösungsarbeit erweist, desto sicherer darf man erwarten, dass der endlich aufgedeckte störende Gedanke von unserem bewussten Denken als fremdartig und gegensätzlich beurteilt werden wird.

3. Ich erhalte eines Tages einen Brief aus der Nähe Wiens, der mir eine erschütternde Nachricht mitteilt. Ich rufe auch sofort meine Frau an und fordere sie zur Teilnahme daran auf, dass *die* arme Wilhelm M. so schwer erkrankt und von den Ärzten aufgegeben ist. An den Worten, in welche ich mein Bedauern kleide, muss aber etwas falsch geklungen haben, denn meine Frau wird misstrauisch, verlangt den Brief zu sehen und äussert als ihre Überzeugung, so könne es nicht darin stehen, denn niemand nenne eine Frau nach dem Namen des Mannes, und überdies sei der Korrespondentin der Vorname der Frau sehr wohl bekannt. Ich verteidige meine Behauptung hartnäckig und verweise auf die so gebräuchlichen Visitkarten, auf denen eine Frau sich selbst mit dem Vornamen des Mannes bezeichnet. Ich muss endlich den Brief zur Hand nehmen, und wir lesen darin tatsächlich „der arme W. M.“, ja sogar, was ich ganz übersehen hatte: „der arme *Dr.* W. M.“. Mein Versehen bedeutete also einen, sozusagen krampfhaften, Versuch, die traurige Neuigkeit von dem Manne auf die Frau zu überwälzen. Der zwischen Artikel, Beiwort und Name eingeschobene Titel passte schlecht zu der Forderung, es müsste die Frau gemeint sein. Darum wurde er auch beim Lesen beseitigt. Das Motiv dieser Verfälschung war aber nicht, dass mir die Frau weniger sympathisch wäre als der Mann, sondern das Schicksal des armen Mannes hatte meine Besorgnisse um eine andere, mir nahe stehende Person rege gemacht, welche eine der mir bekannten Krankheitsbedingungen mit diesem Falle gemeinsam hatte.

B. Verschreiben.

1. Auf einem Blatte, welches kurze tägliche Aufzeichnungen meist von geschäftlichem Interesse enthält, finde ich zu meiner

Überraschung mitten unter den richtigen Daten des Monats September eingeschlossen das verschriebene Datum „Donnerstag den 20. Okt.“. Es ist nicht schwierig, diese Antizipation aufzuklären, und zwar als Ausdruck eines Wunsches. Ich bin wenige Tage vorher frisch von der Ferienreise zurückgekehrt und fühle mich bereit für ausgiebige ärztliche Beschäftigung, aber die Anzahl der Patienten ist noch gering. Bei meiner Ankunft fand ich einen Brief von einer Kranken vor, die sich für den 20. *Oktober* ankündigte. Als ich die gleiche Tageszahl im September niederschrieb, kann ich wohl gedacht haben: Die X. sollte doch schon da sein; wie schade um den vollen Monat! und in diesem Gedanken rückte ich das Datum vor. Der störende Gedanke ist in diesem Falle kaum ein anstössiger zu nennen; dafür weiss ich auch sofort die Auflösung des Schreibfehlers, nachdem ich ihn erst bemerkt habe.

2. Ich erhalte die Korrektur meines Beitrags zum Jahresbericht für Neurologie und Psychiatrie und muss natürlich mit besonderer Sorgfalt die Autornamen revidieren, die, weil verschiedenen Nationen angehörig, dem Setzer die grössten Schwierigkeiten zu bereiten pflegen. Manchen fremd klingenden Namen finde ich wirklich noch zu korrigieren, aber einen einzigen Namen hat merkwürdiger Weise der Setzer *gegen* mein Manuskript verbessert und zwar mit vollem Rechte. Ich hatte nämlich *Buckrhard* geschrieben, woraus der Setzer *Burckhard* erriet. Ich hatte die Abhandlung eines Geburtshelfers über den Einfluss der Geburt auf die Entstehung der Kinderlähmungen selbst als verdienstlich gelobt, wüsste auch nichts gegen deren Autor zu sagen, aber den gleichen Namen wie er trägt auch ein Schriftsteller in Wien, der mich durch eine unverständige Kritik über meine “*Traumdeutung*“ geärgert hat. Es ist gerade so, als hätte ich mir bei der Niederschrift des Namen *Burckhard*, der den Geburtshelfer bezeichnete, etwas Arges über den anderen B., den Schriftsteller, gedacht, denn

Namenverdrehen bedeutet häufig genug, wie ich schon beim Versprechen erwähnt habe, Schmähung.

3. Ein anscheinend ernsterer Fall von Verschreiben, den ich vielleicht mit ebensoviel Recht dem „Vergreifen“ einordnen könnte: Ich habe die Absicht, mir aus der Postsparkassa die Summe von 300 Kronen kommen zu lassen, die ich einem zum Kurgebrauch abwesenden Verwandten schicken will. Ich bemerke dabei, dass mein Konto auf 4380 Kr. lautet und nehme mir vor, es jetzt auf die runde Summe von 4000 Kr. herunterzusetzen, die in der nächsten Zeit nicht angegriffen werden soll. Nachdem ich den Check ordnungsmässig ausgeschrieben und die der Zahl entsprechenden Ziffern ausgeschnitten habe, merke ich plötzlich, dass ich nicht 380 Kr., wie ich wollte, sondern gerade 438 bestellt habe, und erschrecke über die Unzuverlässigkeit meines Tuns. Den Schreck erkenne ich bald als unberechtigt; ich bin ja jetzt nicht ärmer worden, als ich vorher war. Aber ich muss eine ganze Weile darüber nachsinnen, welcher Einfluss hier meine erste Intention gestört hat, ohne sich meinem Bewusstsein anzukündigen. Ich gerate zuerst auf falsche Wege, will die beiden Zahlen, 380 und 438, von einander abziehen, weiss aber dann nicht, was ich mit der Differenz anfangen soll. Endlich zeigt mir ein plötzlicher Einfall den wahren Zusammenhang. 438 entspricht ja *zehn Prozent* des ganzen Konto von 4380 Kr.! 10 pCt. Rabatt hat man aber beim *Buchhändler*! Ich besinne mich, dass ich vor wenigen Tagen eine Anzahl medizinischer Werke, die ihr Interesse für mich verloren haben, ausgesucht, um sie dem Buchhändler gerade für 300 Kronen anzubieten. Er fand die Forderung zu hoch und versprach, in den nächsten Tagen endgiltige Antwort zu sagen. Wenn er mein Angebot annimmt, so hat er mir gerade die Summe ersetzt, welche ich für den Kranken verausgaben soll. Es ist nicht zu verkennen, dass es mir um diese Ausgabe leid tut. Der Affekt bei der Wahrnehmung meines Irrtums lässt sich besser verstehen als Furcht, durch solche Ausgaben arm zu werden. Aber beides, das

Bedauern wegen dieser Ausgabe und die an sie geknüpfte Verarmungsangst, sind meinem Bewusstsein völlig fremd; ich habe das Bedauern nicht verspürt, als ich jene Summe zusagte, und fände die Motivierung desselben lächerlich. Ich würde mir eine solche Regung wahrscheinlich gar nicht zutrauen, wenn ich nicht durch die Übung in Psychoanalysen bei Patienten mit dem Verdrängten im Seelenleben ziemlich vertraut wäre, und wenn ich nicht vor einigen Tagen einen Traum gehabt hätte, welcher die nämliche Lösung erforderte.

4.

Wundt gibt eine bemerkenswerte Begründung für die leicht zu bestätigende Tatsache, dass wir uns leichter verschreiben als versprechen. 'Im Verlaufe der normalen Rede ist fortwährend die Hemmungsfunktion des Willens dahin gerichtet, Vorstellungsverlauf und Artikulationsbewegung mit einander in Einklang zu bringen. Wird die den Vorstellungen folgende Ausdrucksbewegung durch mechanische Ursachen verlangsamt wie beim Schreiben ..., so treten daher solche Antizipationen besonders leicht ein.'

Die Beobachtung der Bedingungen, unter denen das Verlesen auftritt, giebt Anlass zu einem Zweifel, den ich nicht unerwähnt lassen möchte, weil er nach meiner Schätzung der Ausgangspunkt einer fruchtbaren Untersuchung werden kann. Es ist jedermann bekannt, wie häufig beim *Vorlesen* die Aufmerksamkeit des Lesenden den Text verlässt und sich eigenen Gedanken zuwendet. Die Folge dieses Abschweifens der Aufmerksamkeit ist nicht selten, dass er überhaupt nicht anzugeben weiss, was er gelesen hat, wenn man ihn im Vorlesen unterbricht und befragt. Er hat dann wie automatisch gelesen, aber er hat fast immer richtig vorgelesen. Ich glaube nicht, dass die Lesefehler sich unter solchen Bedingungen merklich vermehren. Von einer ganzen Reihe von Funktionen sind wir auch gewöhnt, anzunehmen, dass sie automatisch, also von kaum bewusster Aufmerksamkeit begleitet, am exaktesten vollzogen werden. Daraus scheint zu folgen, dass die Aufmerksamkeitsbedingung der Sprech-, Lese- und Schreibfehler anders zu bestimmen ist, als sie bei *Wundt* lautet (Wegfall oder Nachlass der Aufmerksamkeit). Die Beispiele, die wir der Analyse unterzogen haben, gaben uns eigentlich nicht das Recht, eine quantitative Verminderung der Aufmerksamkeit anzunehmen; wir fanden, was vielleicht nicht ganz dasselbe ist, eine *Störung* der Aufmerksamkeit durch einen fremden, Anspruch erhebenden Gedanken.

VI. Vergesse von Eindrücken und Vorsätzen.

Wenn jemand geneigt sein sollte, den Stand unserer gegenwärtigen Kenntnis vom Seelenleben zu überschätzen, so brauchte man ihn nur an die Gedächtnisfunktion zu mahnen, um ihn zur Bescheidenheit zu zwingen. Keine psychologische Theorie hat es noch vermocht, von dem fundamentalen Phänomen des Erinnerns und Vergessens im Zusammenhange Rechenschaft zu geben; ja, die vollständige Zergliederung dessen, was man als tatsächlich beobachten kann, ist noch kaum in Angriff genommen. Vielleicht ist uns heute das Vergessen rätselhafter geworden als das Erinnern, seitdem uns das Studium des Traumes und pathologischer Ereignisse gelehrt hat, dass auch das plötzlich wieder im Bewusstsein auftauchen kann, was wir für längst vergessen geschätzt haben.

Wir sind allerdings im Besitze einiger weniger Gesichtspunkte, für welche wir allgemeine Anerkennung erwarten. Wir nehmen an, dass das Vergessen ein spontaner Vorgang ist, dem man einen gewissen zeitlichen Ablauf zuschreiben kann. Wir heben hervor, dass beim Vergessen eine gewisse Auswahl unter den dargebotenen Eindrücken stattfindet und ebenso unter den Einzelheiten eines jeden Eindrucks oder Erlebnisses. Wir kennen einige der Bedingungen für die Haltbarkeit im Gedächtnis und für die Erweckbarkeit dessen, was sonst vergessen würde. Bei unzähligen Anlässen im täglichen Leben können wir aber bemerken, wie unvollständig und unbefriedigend unsere Erkenntnis ist. Man höre zu, wie zwei Personen, die gemeinsam äussere Eindrücke empfangen, z. B. eine Reise mit einander gemacht haben, eine Zeitlang später ihre Erinnerungen austauschen. Was dem einen fest im Gedächtnis geblieben ist, das hat der andere oft vergessen, als ob es nicht geschehen wäre, und zwar ohne dass man ein Recht zur Behauptung hätte, der Eindruck sei für den einen psychisch bedeutsamer gewesen als für den anderen. Eine ganze Anzahl der die Auswahl fürs Gedächtnis bestimmenden Momente entzieht sich offenbar noch unserer Kenntnis.

In der Absicht, zur Kenntnis der Bedingungen des Vergessens einen kleinen Beitrag zu liefern, pflege ich die Fälle, in denen mir das Vergessen selbst widerfährt, einer psychologischen Analyse zu unterziehen. Ich beschäftige mich in der Regel nur mit einer gewissen Gruppe dieser Fälle, mit jenen nämlich, in denen das Vergessen mich in Erstaunen setzt, weil ich nach meiner Erwartung das Betreffende wissen sollte. Ich will noch bemerken, dass ich zur Vergesslichkeit im allgemeinen (für Erlebtes, nicht für Gelerntes!) nicht neige, und dass ich durch eine kurze Periode meiner Jugend auch aussergewöhnlicher Gedächtnisleistungen nicht unfähig war. In meiner Schulknabenzeit war es mir selbstverständlich, die Seite des Buches, die ich gelesen hatte, auswendig hersagen zu können, und kurz vor der Universität war ich imstande, populäre Vorträge wissenschaftlichen Inhalts unmittelbar nachher fast wortgetreu niederzuschreiben. In der Spannung vor dem letzten medizinischen Rigorosum muss ich noch Gebrauch von dem Rest dieser Fähigkeit gemacht haben, denn ich gab in einigen Gegenständen den Prüfern wie automatisch Antworten, die sich getreu mit dem Text des Lehrbuches deckten, welchen ich doch nur einmal in der grössten Hast durchflogen hatte.

Die Verfügung über den Gedächnisschatz ist seither bei mir immer schlechter geworden, doch habe ich mich bis in die letzte Zeit hinein überzeugt, dass ich mit Hilfe eines Kunstgriffes weit mehr erinnern kann, als ich mir sonst zutraue. Wenn z. B. ein Patient in der Sprechstunde sich darauf beruft, dass ich ihn schon einmal gesehen habe, und ich mich weder an die Tatsache noch an den Zeitpunkt erinnern kann, so helfe ich mir, indem ich rate, d. h. mir rasch eine Zahl von Jahren, von der Gegenwart an gerechnet, einfallen lasse. Wo Aufschreibungen oder die sichere Angabe des Patienten eine Kontrolle meines Einfalles ermöglichen, da zeigt es sich, dass ich selten um mehr als ein Halbjahr bei über 10 Jahren geirrt habe. Ähnlich, wenn ich einen entfernteren Bekannten treffe, den ich aus Höflichkeit nach seinen kleinen Kindern frage. Erzählt er von den Fortschritten derselben, so suche ich mir einfallen zu lassen, wie alt das Kind jetzt ist, kontrolliere durch die Auskunft des Vaters und gehe höchstens um einen Monat, bei älteren Kindern um ein Vierteljahr fehl, obwohl ich nicht angeben kann, welche Anhaltspunkte ich für diese Schätzung hatte. Ich bin zuletzt so kühn geworden, dass ich meine Schätzung immer spontan vorbringe, und laufe dabei nicht Gefahr, den Vater durch die Blossstellung meiner Unwissenheit über seinen Sprössling zu kränken. Ich erweitere so mein bewusstes Erinnern durch Anrufen meines jedenfalls weit reichhaltigeren unbewussten Gedächtnisses.

Ich werde also über *auffällige* Beispiele von Vergessen, die ich an mir selbst beobachtet, berichten. Ich unterscheide Vergessen von Eindrücken und Erlebnissen, also von Wissen, und Vergessen von Vorsätzen, also Unterlassungen. Das einförmige Ergebnis der ganzen Reihe von Beobachtungen kann ich voranstellen: *In allen Fällen erwies sich das Vergessen als begründet durch ein Unlustmotiv.*

A. Vergessen von Eindrücken und Kenntnissen.

1. Im Sommer gab mir meine Frau einen an sich harmlosen Anlass zu heftigem Ärger. Wir sassen an der Table d'hôte einem Herrn aus Wien gegenüber, den ich kannte, und der sich wohl auch an mich zu erinnern wusste. Ich hatte aber meine Gründe, die Bekanntschaft nicht zu erneuern. Meine Frau, die nur den ansehnlichen Namen ihres Gegenüber gehört hatte, verriet zu sehr, dass sie seinem Gespräch mit den Nachbarn zuhörte, denn sie wandte sich von Zeit zu Zeit an mich mit Fragen, die den dort

gesponnenen Faden aufnahmen. Ich wurde ungeduldig und endlich gereizt. Wenige Wochen später führte ich bei einer Verwandten Klage über dieses Verhalten meiner Frau. Ich war aber nicht imstande, auch nur ein Wort der Unterhaltung jenes Herrn zu erinnern. Da ich sonst eher nachtragend bin und keine Einzelheit eines Vorfalls, der mich geärgert hat, vergessen kann, ist meine Amnesie in diesem Falle wohl durch Rücksichten auf die Person der Ehefrau motiviert. Ähnlich erging es mir erst vor kurzem wieder. Ich wollte mich gegen einen intim Bekannten über eine Äusserung meiner Frau lustig machen, die erst vor wenigen Stunden gefallen war, fand mich aber in diesem Vorsatz durch den bemerkenswerten Umstand gehindert, dass ich die betreffende Äusserung spurlos vergessen hatte. Ich musste erst meine Frau bitten, mich an dieselbe zu erinnern. Es ist leicht zu verstehen, dass dies mein Vergessen analog zu fassen ist der typischen Urteilsstörung, welcher wir unterliegen, wenn es sich um unsere nächsten Angehörigen handelt.

2. Ich hatte es übernommen, einer fremd in Wien angekommenen Dame eine kleine eiserne Handkassette zur Aufbewahrung ihrer Dokumente und Gelder zu besorgen. Als ich mich dazu erbot, schwebte mir mit ungewöhnlicher visueller Lebhaftigkeit das Bild einer Auslage in der Inneren Stadt vor, in welcher ich solche Kassen gesehen haben musste. Ich konnte mich zwar an den Namen der Strasse nicht erinnern, fühlte mich aber sicher, dass ich den Laden auf einem Spaziergang durch die Stadt auffinden werde, denn meine Erinnerung sagte mir, dass ich unzählige Male an ihm vorübergegangen sei. Zu meinem Ärger gelang es mir aber nicht, diese Auslage mit den Kassetten aufzufinden, obwohl ich die Innere Stadt nach allen Richtungen durchstreifte. Es blieb mir nichts anderes übrig, meinte ich, als mir aus einem Adressenkalender die Kassenfabrikanten herauszusuchen, um dann auf einem zweiten Rundgang die gesuchte Auslage zu identifizieren. Es bedurfte aber nicht soviel;

unter den im Kalender angezeigten Adressen befand sich eine, die sich mir sofort als die vergessene enthüllte. Es war richtig, dass ich ungezählte Male an dem Auslagefenster vorübergegangen war; jedesmal nämlich, wenn ich die Familie M. besucht hatte, die seit langen Jahren in dem nämlichen Hause wohnt. Seitdem dieser intime Verkehr einer völligen Entfremdung gewichen war, pflegte ich, ohne mir von den Gründen Rechenschaft zu geben, auch die Gegend und das Haus zu meiden. Auf jenem Spaziergang durch die Stadt hatte ich, als ich die Kassetten in der Auslage suchte, jede Strasse in der Umgebung begangen, dieser einen aber war ich, als ob ein Verbot darauf läge, ausgewichen. Das Unlustmotiv, welches in diesem Fall meine Unorientiertheit verschuldete, ist greifbar. Der Mechanismus des Vergessens ist aber nicht mehr so einfach wie im vorigen Beispiel. Meine Abneigung gilt natürlich nicht dem Kassenfabrikanten, sondern einem anderen, von dem ich nichts wissen will, und überträgt sich von diesem anderen auf die Gelegenheit, wo sie das Vergessen zustande bringt. Ganz ähnlich hatte im Falle *Burckhard* der Groll gegen den einen den Schreibfehler im Namen hervorgebracht, wo es sich um den anderen handelte. Was hier die Namensgleichheit leistete, die Verknüpfung zwischen zwei im Wesen verschiedenen Gedankenkreisen herzustellen, das konnte im Beispiel von dem Auslagefenster die Kontiguität im Raum, die untrennbare Nachbarschaft ersetzen. Übrigens war dieser letzte Fall fester gefügt; es fand sich noch eine zweite inhaltliche Verknüpfung vor, denn unter den Gründen der Entfremdung mit der im Hause wohnenden Familie hatte das Geld eine grosse Rolle gespielt.

3. Ich werde von dem Bureau B. & R. bestellt, einen ihrer Beamten ärztlich zu besuchen. Auf dem Wege zu dessen Wohnung beschäftigt mich die Idee, ich müsste schon wiederholt in dem Hause gewesen sein, in welchem sich die Firma befindet. Es ist mir, als ob mir die Tafel derselben in einem niedrigen Stockwerk aufgefallen wäre, während ich in einem höheren einen ärztlichen

Besuch zu machen hatte. Ich kann mich aber weder daran erinnern, welches dieses Haus ist, noch wen ich dort besucht habe. Obwohl die ganze Angelegenheit gleichgiltig und bedeutungslos ist, beschäftige ich mich doch mit ihr und erfahre endlich auf dem gewöhnlichen Umwege, indem ich meine Einfälle dazu sammle, dass sich einen Stock über den Lokalitäten der Firma B. & R. die Pension *Fischer* befindet, in welcher ich häufig Patienten besucht habe. Ich kenne jetzt auch das Haus, welches die Bureaux und die Pension beherbergt. Rätselhaft ist mir noch, welches Motiv bei diesem Vergessen im Spiele war. Ich finde nichts für die Erinnerung Anstössiges an der Firma selbst oder an Pension Fischer oder an den Patienten, die dort wohnten. Ich vermute auch, dass es sich um nicht sehr Peinliches handeln kann; sonst wäre es mir kaum gelungen, mich des Vergessenen auf einem Umwege wieder zu bemächtigen, ohne äussere Hilfsmittel wie im vorigen Beispiel heranzuziehen. Es fällt mir endlich ein, dass mich eben vorhin, als ich den Weg zu dem neuen Patienten antrat, ein Herr auf der Strasse gegrüsst hat, den ich Mühe hatte zu erkennen. Ich hatte diesen Mann vor Monaten in einem anscheinend schweren Zustand gesehen und die Diagnose der progressiven Paralyse über ihn verhängt, dann aber gehört, dass er hergestellt sei, so dass mein Urteil unrichtig gewesen wäre. Wenn nicht etwa hier eine der Remissionen vorliegt, die sich auch bei Dementia paralytica finden, so dass meine Diagnose doch noch gerechtfertigt wäre! Von dieser Begegnung ging der Einfluss aus, der mich an die Nachbarschaft der Bureaux von B. & R. vergessen liess, und mein Interesse, die Lösung des Vergessenen zu finden, war von diesem Fall strittiger Diagnostik her übertragen. Die assoziative Verknüpfung aber wurde bei geringem inneren Zusammenhang – der wider Erwarten Genesene war auch Beamter eines grossen Bureaus, welches mir Kranke zuzuweisen pflegte – durch eine Namensgleichheit besorgt. Der Arzt, mit welchem gemeinsam ich den fraglichen Paralytiker gesehen hatte, hiess auch *Fischer*, wie die in dem Haus befindliche, vom Vergessen betroffene Pension.

4. Ein Ding *verlegen* heisst ja nichts anderes als vergessen, wohin man es gelegt hat, und wie die meisten mit Schriften und Büchern hantierenden Personen bin ich auf meinem Schreibtisch wohl orientiert und weiss das Gesuchte mit einem Griff hervorzuholen. Was anderen als Unordnung erscheint, ist für mich historisch gewordene Ordnung. Warum habe ich aber unlängst einen Bücherkatalog, der mir zugeschickt wurde, so verlegt, dass er unauffindbar geblieben ist? Ich hatte doch die Absicht, ein Buch, das ich darin angezeigt fand, *"Über die Sprache"*, zu bestellen, weil es von einem Autor herrührt, dessen geistreich belebten Stil ich liebe, dessen Einsicht in der Psychologie und dessen Kenntnisse in der Kulturhistorie ich zu schätzen weiss. Ich meine, gerade darum habe ich den Katalog verlegt. Ich pflege nämlich Bücher dieses Autors zur Aufklärung unter meinen Bekannten zu verleihen, und vor wenigen Tagen hat mir jemand bei der Rückstellung gesagt: 'Der Stil erinnert mich ganz an den Ihrigen, und auch die Art zu denken ist dieselbe.' Der Redner wusste nicht, an was er mit dieser Bemerkung rührte. Vor Jahren, als ich noch jünger und anschlussbedürftiger war, hat mir ungefähr das Nämliche ein älterer Kollege gesagt, dem ich die Schriften eines bekannten medizinischen Autors angepriesen hatte. 'Ganz Ihr Stil und Ihre Art.' So beeinflusst hatte ich diesem Autor einen um näheren Verkehr werbenden Brief geschrieben, wurde aber durch eine kühle Antwort in meine Schranken zurückgewiesen. Vielleicht verbergen sich ausserdem noch frühere abschreckende Erfahrungen hinter dieser letzten, denn ich habe den verlegten Katalog nicht wiedergefunden und bin durch dieses Vorzeichen wirklich abgehalten worden, das angezeigte Buch zu bestellen, obwohl ein wirkliches Hindernis durch das Verschwinden des Kataloges nicht geschaffen worden ist. Ich habe ja die Namen des Buches und des Autors im Gedächtnis behalten.

5. Im Sommer dieses Jahres erklärte ich einmal meinem Freunde Fl., mit dem ich in regem Gedankenaustausch über

> wissenschaftliche Fragen stehe: Diese neurotischen Probleme sind nur dann zu lösen, wenn wir uns ganz und voll auf den Boden der Annahme einer ursprünglichen Bisexualität des Individuums stellen. Ich erhielt zur Antwort: 'Das habe ich Dir schon vor 2½ Jahren in Br. gesagt, als wir jenen Abendspaziergang machten. Du wolltest damals nichts davon hören.' Es ist nun schmerzlich, so zum Aufgeben seiner Originalität aufgefordert zu werden. Ich konnte mich an ein solches Gespräch und an diese Eröffnung meines Freundes nicht erinnern. Einer von uns beiden musste sich da täuschen; nach dem Prinzip der Frage *cui prodest*? musste ich das sein. Ich habe im Laufe der nächsten Wochen in der Tat alles so erinnert, wie mein Freund es in mir erwecken wollte; ich weiss selbst, was ich damals zur Antwort gab: Dabei halte ich noch nicht, ich will mich darauf nicht einlassen. Aber ich bin seither um ein Stück toleranter geworden, wenn ich irgendwo in der medizinischen Literatur auf eine der wenigen Ideen stosse, mit denen man meinen Namen verknüpfen kann, und wenn ich dabei die Erwähnung meines Namens vermisse.

Ausstellungen an seiner Ehefrau – Freundschaft, die ins Gegenteil umgeschlagen hat – Irrtum in ärztlicher Diagnostik – Zurückweisung durch Gleichstrebende – Entlehnung von Ideen; es ist wohl kaum zufällig, dass eine Anzahl von Beispielen des Vergessens, die ohne Absicht gesammelt worden sind, zu ihrer Auflösung des Eingehens auf so peinliche Themata bedürfen. Ich vermute vielmehr, dass jeder Andere, der sein eigenes Vergessen einer Prüfung nach den Motiven unterziehen will, eine ähnliche Musterkarte von Widerwärtigkeiten aufzeichnen können wird. Die Neigung zum Vergessen des Unangenehmen scheint mir ganz allgemein zu sein; die Fähigkeit dazu ist wohl bei verschiedenen Personen verschieden gut ausgebildet. Manches *Ableugnen*, das uns in der ärztlichen Tätigkeit begegnet, ist wahrscheinlich auf *Vergessen* zurückzuführen. Unsere Auffassung eines solchen Vergessens beschränkt den Unterschied zwischen dem und jenem Benehmen allerdings auf rein psychologische Verhältnisse und gestattet uns, in beiden Reaktionsweisen den Ausdruck desselben Motivs zu sehen. Von all den zahlreichen Beispielen der Verleugnung unangenehmer Erinnerungen, die ich bei Angehörigen von Kranken gesehen habe, ist mir eines als besonders seltsam im Gedächtnis geblieben. Eine Mutter informierte mich über die Kinderjahre ihres nervenkranken, in der Pubertät befindlichen Sohnes und erzählte dabei, dass er wie seine Geschwister bis in späte Jahre an Bettnässen gelitten habe, was ja für eine neurotische Krankengeschichte nicht bedeutungslos ist. Einige Wochen später, als sie sich Auskunft über den Stand der Behandlung holen wollte, hatte ich Anlass, sie auf die Zeichen konstitutioneller Krankheitsveranlagung bei dem jungen Mann aufmerksam zu machen, und berief mich hierbei auf das anamnestisch erhobene Bettnässen. Zu meinem Erstaunen bestritt sie die Tatsache sowohl für dies als auch für die anderen Kinder, fragte mich, woher ich das wissen könne, und hörte endlich von mir, dass sie selbst es mir vor kurzer Zeit erzählt habe, was also von ihr vergessen worden war.

Man findet also auch bei gesunden, nicht neurotischen Menschen reichlich Anzeichen dafür, dass sich der Erinnerung an peinliche Eindrücke, der Vorstellung peinlicher Gedanken, ein Widerstand entgegensetzt. Die volle Bedeutung dieser Tatsache lässt sich aber erst ermessen, wenn man in die Psychologie neurotischer Personen eingeht. Man ist genötigt, ein solches *elementares Abwehrbestreben* gegen Vorstellungen, welche Unlustempfindungen erwecken können, ein Bestreben, das sich nur dem Fluchtreflex bei Schmerzreizen an die Seite stellen lässt, zu einem der Hauptpfeiler des Mechanismus zu machen, welcher die hysterischen Symptome trägt. Man möge gegen die Annahme einer solchen Abwehrtendenz nicht einwenden, dass wir es im Gegenteil häufig genug unmöglich finden, peinliche Erinnerungen, die uns verfolgen, los zu werden und peinliche Affektregungen wie Reue, Gewissensvorwürfe zu verscheuchen. Es wird ja nicht behauptet, dass diese Abwehrtendenz sich überall durchzusetzen vermag, dass sie nicht im Spiel der psychischen Kräfte auf Faktoren stossen kann, welche zu anderen Zwecken das Entgegengesetzte anstreben und ihr zum Trotz zustande bringen. *Als das architektonische Prinzip des seelischen Apparates lässt sich die Schichtung, der Aufbau aus einander überlagernden Instanzen erraten*, und es ist sehr wohl möglich, dass dies Abwehrbestreben einer niedrigeren psychischen Instanz angehört, von höheren Instanzen aber gehemmt wird. Es spricht jedenfalls für die Existenz und Mächtigkeit dieser Tendenz zur Abwehr, wenn wir Vorgänge wie die in unseren Beispielen von Vergessen auf sie zurückführen können. Wir sehen, dass manches um seiner selbst willen vergessen wird; wo dies nicht möglich ist, verschiebt die Abwehrtendenz ihr Ziel und bringt wenigstens etwas anderes, minder Bedeutsames, zum Vergessen, welches in assoziative Verknüpfung mit dem eigentlich Anstössigen geraten ist.

Der hier entwickelte Gesichtspunkt, dass peinliche Erinnerungen mit besonderer Leichtigkeit dem motivierten Vergessen verfallen, verdiente auf mehrere Gebiete bezogen zu werden, in denen er heute noch keine oder eine zu geringe Beachtung gefunden hat. So erscheint er mir noch immer nicht genügend scharf betont bei der Würdigung von Zeugenaussagen vor Gericht, wobei man offenbar der unter Eidstellung des Zeugen einen allzu grossen purifizierenden Einfluss auf dessen psychisches Kräftespiel zutraut. Dass man bei der Entstehung der Traditionen und der Sagengeschichte eines Volkes einem solchen Motiv, das dem Nationalgefühl Peinliche aus der Erinnerung auszumerzen, Rechnung tragen muss, wird allgemein zugestanden. Vielleicht würde sich bei genauerer Verfolgung eine vollständige Analogie herausstellen zwischen der Art, wie Völkertraditionen und wie die Kindheitserinnerungen des einzelnen Individuums gebildet werden.

Ganz ähnlich wie beim Namenvergessen kann auch beim Vergessen von Eindrücken Fehlerinnern eintreten, das dort, wo es Glauben findet, als Erinnerungstäuschung bezeichnet wird. Die Erinnerungstäuschung in pathologischen Fällen – in der Paranoia spielt sie geradezu die Rolle eines konstituierenden Momentes bei der Wahnbildung – hat eine ausgedehnte Literatur wachgerufen, in welcher ich durchgängig den Hinweis auf eine Motivierung derselben vermisse. Da auch dieses Thema der

Neurosenpsychologie angehört, entzieht es sich in unserm Zusammenhange der Behandlung. Ich werde dafür ein sonderbares Beispiel einer eigenen Erinnerungstäuschung mitteilen, bei dem die Motivierung durch unbewusstes verdrängtes Material und die Art und Weise der Verknüpfung mit demselben deutlich genug kenntlich werden.

Als ich die späteren Abschnitte meines Buches über Traumdeutung schrieb, befand ich mich in einer Sommerfrische ohne Zugang zu Bibliotheken und Nachschlagebüchern und war genötigt, mit Vorbehalt späterer Korrektur, allerlei Beziehungen und Zitate aus dem Gedächtnis in das Manuskript einzutragen. Beim Abschnitt über das Tagträumen fiel mir die ausgezeichnete Figur des armen Buchhalters im *"Nabab"* von *Alph. Daudet* ein, mit welcher der Dichter wahrscheinlich seine eigene Träumerei geschildert. Ich glaubte mich an eine der Phantasien, die dieser Mann – Mr. Jocelyn nannte ich ihn – auf seinen Spaziergängen durch die Strassen von Paris ausbrütet, deutlich zu erinnern und begann sie aus dem Gedächtnis zu reproduzieren. Wie also Herr Jocelyn auf der Strasse sich kühn einem durchgehenden Pferd entgegenwirft, es zum Stehen bringt, der Wagenschlag sich öffnet, eine hohe Persönlichkeit dem Coupé entsteigt, Herrn Jocelyn die Hand drückt und ihm sagt: 'Sie sind mein Retter, Ihnen verdanke ich mein Leben. Was kann ich für Sie tun?'

Etwaige Ungenauigkeiten in der Wiedergabe dieser Phantasie, tröstete ich mich, würden sich leicht zuhause verbessern lassen, wenn ich das Buch zur Hand nähme. Als ich dann aber den *"Nabab"* durchblätterte, um die druckbereite Stelle meines Manuskriptes zu vergleichen, fand ich zu meiner grössten Beschämung und Bestürzung nichts von einer solchen Träumerei des Herrn Jocelyn darin, ja der arme Buchhalter trug gar nicht diesen Namen, sondern hiess *Mr. Joyeuse*. Dieser zweite Irrtum gab dann bald den Schlüssel zur Klärung des ersten, der Erinnerungstäuschung. *Joyeux* (wovon der Name die feminine Form darstellt): so und nicht anders müsste ich ja meinen eigenen Namen: *Freud* ins Französische übersetzen. Woher konnte also die fälschlich erinnerte Phantasie sein, die ich *Daudet* zugeschrieben hatte?

Sie konnte nur ein eigenes Produkt sein, ein Tagtraum, den ich selbst gemacht, und der mir nicht bewusst geworden, oder der mir einst bewusst gewesen und den ich seither gründlich vergessen. Vielleicht dass ich ihn selbst in Paris gemacht, wo ich oft genug einsam und voll Sehnsucht durch die Strassen spaziert bin, eines Helfers und Protektors sehr bedürftig, bis Meister *Charcot* mich dann in seinen Verkehr zog. Den Dichter des *"Nabab"* habe ich dann wiederholt im Hause *Charcots* gesehen. Das Ärgerliche an der Sache ist nur, dass ich kaum irgend einem anderen Vorstellungskreis so feindselig gegenüberstehe, wie dem des Protegiertwerdens. Was man in unserem Vaterlande davon sieht, verdirbt einem alle Lust daran, und meinem Charakter sagt die Situation des Protektionskindes überhaupt wenig zu. Ich habe immer ungewöhnlich viel Neigung dazu verspürt, „selbst der brave Mann zu sein“. Und gerade ich musste dann an solche, übrigens nie erfüllte, Tagträume gemahnt werden! Ausserdem ist der Vorfall auch ein gutes Beispiel dafür, wie die zurückgehaltene – in der Paranoia siegreich hervorbrechende – Beziehung zum eigenen Ich uns in der objektiven Erfassung der Dinge stört und verwirrt.

B. Das Vergessen von Vorsätzen.

Keine andere Gruppe von Phänomenen eignet sich besser zum Beweis der These, dass die Geringfügigkeit der Aufmerksamkeit für sich allein nicht hinreiche, die Fehlleistung zu erklären, als die des Vergessens von Vorsätzen. Ein Vorsatz ist ein Impuls zur Handlung, der bereits Billigung gefunden hat, dessen Ausführung aber auf einen geeigneten Zeitpunkt verschoben wurde. Nun kann in dem so geschaffenen Intervall allerdings eine derartige Veränderung in den Motiven eintreten, dass der Vorsatz nicht zur Ausführung gelangt, aber dann wird er nicht vergessen, sondern revidiert und aufgehoben. Das Vergessen von Vorsätzen, dem wir alltäglich und in allen möglichen Situationen unterliegen, pflegen wir uns nicht durch eine Neuerung in der Motivengleichung zu erklären, sondern lassen es gemeinhin unerklärt, oder wir suchen eine psychologische

Erklärung in der Annahme, gegen die Zeit der Ausführung hin habe sich die erforderliche Aufmerksamkeit für die Handlung nicht mehr bereit gefunden, die doch für das Zustandekommen des Vorsatzes unerlässliche Bedingung war, damals also für die nämliche Handlung zur Verfügung stand. Die Beobachtung unseres normalen Verhaltens gegen Vorsätze lässt uns diesen Erklärungsversuch als willkürlich abweisen. Wenn ich des Morgens einen Vorsatz fasse, der abends ausgeführt werden soll, so kann ich im Laufe des Tages einigemal an ihn gemahnt werden. Er braucht aber tagsüber überhaupt nicht mehr bewusst zu werden. Wenn sich die Zeit der Ausführung nähert, fällt er mir plötzlich ein und veranlasst mich, die zur vorgesetzten Handlung nötigen Vorbereitungen zu treffen. Wenn ich auf einen Spaziergang einen Brief mitnehme, welcher noch befördert werden soll, so brauche ich ihn als normales und nicht nervöses Individuum keineswegs die ganze Strecke über in der Hand zu tragen und unterdessen nach einem Briefkasten auszuspähen, in den ich ihn werfe, sondern ich pflege ihn in die Tasche zu stecken, meiner Wege zu gehen, meine Gedanken frei schweifen zu lassen, und ich rechne darauf, dass einer der nächsten Briefkästen meine Aufmerksamkeit erregen und mich veranlassen wird, in die Tasche zu greifen und den Brief hervorzuziehen. Das normale Verhalten bei gefasstem Vorsatz deckt sich vollkommen mit dem experimentell zu erzeugenden Benehmen von Personen, denen man eine sog. „posthypnotische Suggestion auf lange Sicht" in der Hypnose eingegeben hat. Man ist gewöhnt, das Phänomen in folgender Art zu beschreiben: Der suggerierte Vorsatz schlummert in den betreffenden Personen, bis die Zeit seiner Ausführung herannaht. Dann wacht er auf und treibt zur Handlung.

In zweierlei Lebenslagen gibt sich auch der Laie Rechenschaft davon, dass das Vergessen in bezug auf Vorsätze keineswegs den Anspruch erheben darf, als ein nicht weiter zurückführbares Elementarphänomen zu gelten, sondern zum Schluss auf uneingestandene Motive berechtigt. Ich meine: im Liebesverhältnis und in der Militärabhängigkeit. Ein Liebhaber, der das Rendezvous versäumt hat, wird sich vergeblich bei seiner Dame entschuldigen, er habe leider ganz daran vergessen. Sie wird nicht versäumen, ihm zu antworten: 'Vor einem Jahr hättest Du es nicht vergessen. Es liegt Dir eben nichts mehr an mir.' Selbst wenn er nach der oben erwähnten psychologischen Erklärung griffe und sein Vergessen durch gehäufte Geschäfte entschuldigen wollte, würde er nur erreichen, dass die Dame – so scharfsichtig geworden wie der Arzt in der Psychoanalyse – zur Antwort gäbe: 'Wie merkwürdig, dass sich solche geschäftlichen Störungen früher nicht ereignet haben.' Gewiss will auch die Dame die Möglichkeit des Vergessens nicht in Abrede stellen; sie meint nur, und nicht mit Unrecht, aus dem unabsichtlichen Vergessen sei ungefähr der nämliche Schluss auf ein gewisses Nichtwollen zu ziehen wie aus der bewussten Ausflucht.

Ähnlich wird im militärischen Dienstverhältnis der Unterschied zwischen der Unterlassung durch Vergessen und der in Folge von Absicht prinzipiell, und zwar mit Recht, vernachlässigt. Der Soldat *darf* an nichts vergessen, was der militärische Dienst von ihm fordert. Wenn er doch daran vergisst, obwohl ihm die Forderung bekannt ist, so geht dies so zu, dass sich den Motiven, die auf Erfüllung der militärischen Forderung dringen, andere Gegenmotive entgegenstellen. Der Einjährige etwa, der sich beim Rapport entschuldigen wollte, er habe *vergessen*, seine Knöpfe blank zu putzen, ist der Strafe sicher. Aber diese Strafe ist geringfügig zu nennen im Vergleich zu jener, der er sich aussetzte, wenn er das Motiv seiner Unterlassung sich und seinem Vorgesetzten eingestehen würde: 'Der elende Gamaschendienst ist mir ganz zuwider.' Wegen dieser Straferspamis, aus ökonomischen Gründen gleichsam, bedient er sich des Vergessens als Ausrede, oder kommt es als Kompromiss zustande.

Frauendienst wie Militärdienst erheben den Anspruch, dass alles zu ihnen Gehörige dem Vergessen entrückt sein müsse, und erwecken so die Meinung, Vergessen sei zulässig bei unwichtigen Dingen, während es bei wichtigen Dingen ein Anzeichen davon sei, dass man sie wie unwichtige behandeln wolle, ihnen also die Wichtigkeit abspreche. Der Gesichtspunkt der psychischen Wertschätzung ist hier in der Tat nicht abzuweisen. Kein Mensch vergisst Handlungen auszuführen, die ihm selbst wichtig erscheinen, ohne sich dem Verdachte geistiger Störung auszusetzen. Unsere Untersuchung kann sich also nur auf das Vergessen von mehr oder minder nebensächlichen Vorsätzen erstrecken; für ganz und gar gleichgültig werden wir keinen Vorsatz erachten; denn in diesem Falle wäre er wohl gewiss nicht gefasst worden.

Ich habe nun wie bei den früheren Funktionsstörungen die bei mir selbst beobachteten Fälle von Unterlassung durch Vergessen gesammelt und aufzuklären gesucht und hierbei ganz allgemein gefunden, dass sie auf Einmengung unbekannter und uneingestandener Motive – oder, wie man sagen kann, auf einen *Gegenwillen* – zurückzuführen waren. In einer Reihe dieser Fälle befand ich mich in einer dem Dienstverhältnisse ähnlichen Lage, unter einem Zwange, gegen welchen ich es nicht ganz aufgegeben hatte, mich zu sträuben, so dass ich durch Vergessen gegen ihn demonstrierte. Dazu gehört, dass ich besonders leicht vergesse, zu Geburtstagen, Jubiläen, Hochzeitsfeiern und Standeserhöhungen zu gratulieren. Ich nehme es mir immer wieder vor und überzeuge mich immer mehr, dass es mir nicht gelingen will. Ich bin jetzt im Begriffe, darauf zu verzichten, und den Motiven, die sich sträuben, mit Bewusstsein Recht zu geben. In einem Übergangsstadium habe ich einem Freund, der mich bat, auch für ihn ein Glückwunschtelegramm zum bestimmten Termin zu besorgen, vorher gesagt, ich würde an beide vergessen, und es war nicht zu verwundern, dass die Prophezeiung wahr wurde. Es hängt nämlich mit schmerzlichen Lebenserfahrungen zusammen, dass ich nicht imstande bin, Anteilnahme zu äussern, wo diese Äusserung notwendigerweise übertrieben ausfallen muss, da für den geringen Betrag meiner Ergriffenheit der entsprechende Ausdruck nicht zulässig ist. Seitdem ich erkannt, dass ich oft vorgebliche Sympathie bei anderen für echte genommen habe, befinde ich mich in einer Auflehnung gegen diese Konventionen der Mitgefühlsbezeugung, deren soziale Nützlichkeit ich andererseits einsehe. Kondolenzen bei Todesfällen sind von dieser zwiespältigen Behandlung ausgenommen; wenn ich mich zu ihnen entschlossen habe, versäume ich sie auch nicht. Wo meine Gefühlsbetätigung mit gesellschaftlicher Pflicht nichts mehr zu tun hat, da findet sie ihren Ausdruck auch niemals durch Vergessen gehemmt.

Ähnlich erklären sich durch den Widerstreit einer konventionellen Pflicht und einer nicht eingestandenen inneren Schätzung die Fälle, in denen man Handlungen auszuführen vergisst, die man einem anderen zu seinen Gunsten auszuführen versprochen hat. Hier trifft es dann regelmässig zu, dass nur der Versprecher an die entschuldigende Kraft des Vergessens glaubt, während der Bittsteller sich ohne Zweifel die richtige Antwort gibt: Er hat kein Interesse daran, sonst hätte er es nicht vergessen. Es gibt Menschen, die man als allgemein vergesslich bezeichnet und darum in ähnlicher Weise als entschuldigt gelten lässt wie etwa den Kurzsichtigen, wenn er auf der Strasse nicht grüsst. Diese Personen vergessen alle kleinen Versprechungen, die sie gegeben, lassen alle Aufträge unausgeführt, die sie empfangen haben, erweisen sich also in kleinen Dingen als unverlässlich und erheben dabei die Forderung, dass man ihnen diese kleineren Verstösse nicht übel nehmen, d. h. nicht durch ihren Charakter erklären, sondern auf organische Eigentümlichkeit zurückführen solle. Ich gehöre selbst nicht zu diesen Leuten und habe keine Gelegenheit gehabt, die Handlungen einer solchen Person zu analysieren, um durch die Auswahl des Vergessens die Motivierung desselben aufzudecken. Ich kann mich aber der Vermutung *per analogiam* nicht erwehren, dass hier ein ungewöhnlich grosses Mass von nicht eingestandener Geringschätzung des anderen das Motiv ist, welches das konstitutionelle Moment für seine Zwecke ausbeutet.

Bei anderen Fällen sind die Motive des Vergessens weniger leicht aufzufinden und erregen, wenn gefunden, ein grösseres Befremden. So merkte ich in früheren Jahren, dass ich bei einer grösseren Anzahl von Krankenbesuchen nie an einen anderen Besuch vergesse als bei einem Gratispatienten oder bei einem Kollegen. Aus Beschämung hierüber habe ich mir angewöhnt, die Besuche des Tages schon am Morgen als Vorsatz zu notieren. Ich weiss nicht, ob andere Ärzte auf dem nämlichen Wege zu der gleichen Übung gekommen sind. Aber man gewinnt so eine Ahnung davon, was den sog. Neurastheniker veranlasst, die Mitteilungen, die er dem Arzt machen will, auf dem berüchtigten „Zettel" zu notieren. Angeblich fehlt es ihm an Zutrauen zur Reproduktionsleistung seines

Gedächtnisses. Das ist gewiss richtig, aber die Szene geht zumeist so vor sich: Der Kranke hat seine verschiedenen Beschwerden und Anfragen höchst langatmig vorgebracht. Nachdem er fertig geworden ist, macht er einen Moment Pause, darauf zieht er den Zettel hervor und sagt entschuldigend: Ich habe mir etwas aufgeschrieben, weil ich mir so gar nichts merke. In der Regel findet er auf dem Zettel nichts Neues. Er wiederholt jeden Punkt und beantwortet ihn selbst: Ja, darnach habe ich schon gefragt. Er demonstriert mit dem Zettel, wahrscheinlich nur eines seiner Symptome, die Häufigkeit, mit der seine Vorsätze durch Einmengung dunkler Motive gestört werden.

Ich rühre ferner an Leiden, an welchen auch der grössere Teil der mir bekannten Gesunden krankt, wenn ich zugestehe, dass ich besonders in früheren Jahren sehr leicht und für lange Zeit vergessen habe, entlehnte Bücher zurückzugeben, oder dass es mir besonders leicht begegnet, Zahlungen durch Vergessen aufzuschieben. Unlängst verliess ich eines Morgens die Tabaktrafik, in welcher ich meinen täglichen Zigarreneinkauf gemacht hatte, ohne ihn zu bezahlen. Es war eine höchst harmlose Unterlassung, denn ich bin dort bekannt und konnte daher erwarten, am nächsten Tag an die Schuld gemahnt zu werden. Aber die kleine Versäumnis, der Versuch, Schulden zu machen, steht gewiss nicht ausser Zusammenhang mit den Budgeterwägungen, die mich den Vortag über beschäftigt hatten. In bezug auf das Thema von Geld und Besitz lassen sich die Spuren eines zwiespältigen Verhaltens auch bei den meisten sog. anständigen Menschen leicht nachweisen. Die primitive Gier des Säuglings, der sich aller Objekte zu bemächtigen sucht (um sie zum Munde zu führen), zeigt sich vielleicht allgemein als nur unvollständig durch Kultur und Erziehung überwunden.

Ich fürchte, ich bin mit allen bisherigen Beispielen einfach *banal* geworden. Es kann mir aber doch nur recht sein, wenn ich auf Dinge stosse, die jedermann bekannt sind, und die jeder in der nämlichen Weise versteht, da ich bloss vorhabe, das Alltägliche zu sammeln und wissenschaftlich zu verwerten. Ich sehe nicht ein, weshalb der Weisheit, die Niederschlag der gemeinen Lebenserfahrung ist, die

Aufnahme unter die Erwerbungen der Wissenschaft versagt sein sollte. Nicht die Verschiedenheit der Objekte, sondern die strengere Methode bei der Feststellung und das Streben nach weitreichendem Zusammenhang machen den wesentlichen Charakter der wissenschaftlichen Arbeit aus.

Für die Vorsätze von einigem Belang haben wir allgemein gefunden, dass sie dann vergessen werden, wenn sich dunkle Motive gegen sie erheben. Bei noch weniger wichtigen Vorsätzen erkennt man als zweiten Mechanismus des Vergessens, dass ein Gegenwille sich von wo anders her auf den Vorsatz überträgt, nachdem zwischen jenem andern und dem Inhalt des Vorsatzes eine *äusserliche* Assoziation hergestellt worden ist. Hierzu gehört folgendes Beispiel: Ich lege Wert auf schönes Löschpapier und nehme mir vor, auf meinem heutigen Nachmittagsweg in die Stadt neues einzukaufen. Aber an vier aufeinanderfolgenden Tagen vergesse ich daran, bis ich mich befrage, welchen Grund diese Unterlassung hat. Ich finde ihn dann leicht, nachdem ich mich besonnen habe, dass ich zwar „Löschpapier" zu schreiben, aber „Fliesspapier" zu sagen gewöhnt bin. „Fliess" ist der Name meines Freundes in Berlin, der mir in den nämlichen Tagen Anlass zu einem quälenden, besorgten Gedanken gegeben hat. Diesen Gedanken kann ich nicht los werden, aber die Abwehrneigung äussert sich, indem sie sich mittelst der Wortgleichheit auf den indifferenten und darum wenig resistenten Vorsatz überträgt.

Direkter Gegenwille und entferntere Motivierung treffen in folgendem Falle von Aufschub zusammen: In der Sammlung *"Grenzfragen des Nerven- und Seelenlebens"* hatte ich eine kurze Abhandlung über den Traum geschrieben, welche den Inhalt meiner *"Traumdeutung"* resümiert. *Bergmann* in Wiesbaden sendet eine Korrektur und bittet um umgehende Erledigung, weil er das Heft noch vor Weihnachten ausgeben will. Ich mache die Korrektur noch in der Nacht und lege sie auf meinen Schreibtisch, um sie am nächsten Morgen mitzunehmen. Am Morgen vergesse ich daran, erinnere mich erst nachmittags beim Anblick des Kreuzbandes auf meinem Schreibtisch. Ebenso vergesse ich die Korrektur am Nachmittag, am Abend und am nächsten Morgen, bis ich mich aufraffe und am Nachmittag des zweiten Tages die Korrektur zu einem Briefkasten trage, verwundert, was der Grund dieser Verzögerung sein mag. Ich will sie offenbar nicht absenden, aber ich finde nicht, warum. Auf demselben Spaziergang trete ich aber bei meinem Wiener Verleger, der auch das Traumbuch publiziert hat, ein, mache eine Bestellung und sage dann, wie von einem plötzlichen Einfall getrieben: 'Sie wissen doch, dass ich den *"Traum"* ein zweites Mal geschrieben habe?' – 'Ah, da würde ich doch bitten.' – 'Beruhigen Sie sich, nur ein kurzer Aufsatz für die *Löwenfeld-Kurella*sche Sammlung.' Es war ihm aber doch nicht recht; er besorgte, der Vortrag würde dem Absatz des Buches schaden. Ich widersprach und fragte endlich: 'Wenn ich mich früher an Sie gewendet hätte, würden Sie mir die Publikation untersagt haben?' – 'Nein, das keineswegs.' Ich glaube selbst, dass ich in meinem vollen Recht gehandelt und nichts Anderes getan habe, als was allgemein üblich ist; doch scheint es mir gewiss, dass ein ähnliches Bedenken, wie es der Verleger äusserte, das Motiv meiner Zögerung war, die Korrektur abzusenden. Dies Bedenken geht auf eine frühere Gelegenheit zurück, bei welcher ein anderer Verleger Schwierigkeiten erhob, als ich, wie unvermeidlich, einige Blätter Text aus einer früheren, in anderem Verlag erschienenen Arbeit über zerebrale Kinderlähmung unverändert in die Bearbeitung desselben Themas im Handbuch von *Nothnagel* hinübernahm. Dort findet aber der Vorwurf abermals keine Anerkennung; ich hatte auch damals meinen ersten Verleger (identisch mit dem der *"Traumdeutung"*) loyal von meiner Absicht verständigt. Wenn aber diese Erinnerungsreihe noch weiter zurückgeht, so rückt sie mir einen noch früheren Anlass vor, den einer Übersetzung aus dem Französischen, bei welchem ich wirklich die bei einer Publikation in Betracht kommenden Eigentumsrechte verletzt habe. Ich hatte dem übersetzten Text Anmerkungen beigefügt, ohne für diese Anmerkungen die Erlaubnis des Autors nachgesucht zu haben, und habe einige Jahre später Grund zur Annahme bekommen, dass der Autor mit dieser Eigenmächtigkeit unzufrieden war.

Es gibt ein Sprichwort, welches die populäre Kenntnis verrät, dass das Vergessen von Vorsätzen nichts Zufälliges ist. „Was man einmal zu tun vergessen hat, das vergisst man dann noch öfter.“

VII. Das Vergreifen.

Der dankenswerten Arbeit von *Meringer* und *Mayer* entnehme ich noch die Stelle:

„Die Sprechfehler stehen nicht ganz allein da. Sie entsprechen den Fehlern, die bei anderen Tätigkeiten des Menschen sich oft einstellen und ziemlich töricht „Vergesslichkeiten“ genannt werden.“

Ich bin also keinesfalls der erste, der Sinn und Absicht hinter den kleinen Funktionsstörungen des täglichen Lebens Gesunder vermutet.

Wenn die Fehler beim Sprechen, das ja eine motorische Leistung ist, eine solche Auffassung zugelassen haben, so liegt es nahe, auf die Fehler unserer sonstigen motorischen Verrichtungen die nämliche Erwartung zu übertragen. Ich habe hier zwei Gruppen von Fällen gebildet; alle die Fälle, in denen der Fehleffekt das Wesentliche scheint, also die Abirrung von der Intention, bezeichne ich als „Vergreifen“, die anderen, in denen eher die ganze Handlung unzweckmässig erscheint, benenne ich „Symptom- *und Zufallshandlungen*“. Die Scheidung ist aber wiederum nicht reinlich durchzuführen; wir kommen ja wohl zur Einsicht, dass alle in dieser Abhandlung gebrauchten Einteilungen nur deskriptiv bedeutsame sind und der inneren Einheit des Erscheinungsgebietes widersprechen.

Das psychologische Verständnis des „Vergreifens“ erfährt offenbar keine besondere Förderung, wenn wir es der Ataxie und speziell der „kortikalen Ataxie“ subsumieren. Versuchen wir lieber, die einzelnen Beispiele auf ihre jeweiligen Bedingungen zurückzuführen. Ich werde wiederum Selbstbeobachtungen hierzu verwenden, zu denen sich die Anlässe bei mir nicht besonders häufig finden.

1. In früheren Jahren, als ich Hausbesuche bei Patienten noch häufiger machte als gegenwärtig, geschah es mir oft, dass ich, vor der Türe, an die ich klopfen oder läuten sollte, angekommen, die Schlüssel meiner eigenen Wohnung aus der Tasche zog, um – sie dann fast beschämt wieder einzustecken. Wenn ich mir zusammenstelle, bei welchen Patienten dies der Fall war, so muss ich annehmen, die Fehlhandlung – Schlüssel herausziehen anstatt zu läuten – bedeutete eine Huldigung für das Haus, wo ich in diesen Missgriff verfiel. Sie war äquivalent dem Gedanken: „Hier bin ich wie zu Hause", denn sie trug sich nur zu, wo ich den Kranken lieb gewonnen hatte. (An meiner eigenen Wohnungstür läute ich natürlich niemals.) Die Fehlhandlung war also eine symbolische Darstellung eines doch eigentlich nicht für ernsthafte, bewusste Annahme bestimmten Gedankens, denn in der Realität weiss der Nervenarzt genau, dass der Kranke ihm nur so lange anhänglich bleibt, als er noch Vorteil von ihm erwartet, und dass er selbst nur zum Zweck der psychischen Hilfeleistung ein übermässig warmes Interesse für seine Patienten bei sich gewähren lässt.

2. In einem bestimmten Hause, wo ich seit sechs Jahren zweimal täglich zu festgesetzten Zeiten vor einer Türe im zweiten Stock auf Einlass warte, ist es mir während dieses langen Zeitraums zweimal (mit einem kurzen Intervall) geschehen, dass ich um einen Stock höher gegangen bin, also mich „verstiegen" habe. Das eine mal befand ich mich in einem ehrgeizigen Tagtraum, der mich „höher und immer höher steigen" liess. Ich überhörte damals sogar, dass sich die fragliche Tür geöffnet hatte, als ich den Fuss auf die ersten Stufen des dritten Stockwerks setzte. Das anderemal ging ich wiederum „in Gedanken versunken" zu weit; als ich es bemerkte, umkehrte und die mich beherrschende Phantasie zu erhaschen suchte, fand ich, dass ich mich über eine (phantasierte) Kritik meiner Schriften ärgerte, in welcher mir der Vorwurf

gemacht wurde, dass ich immer „zu weit ginge“, und in die ich nun den wenig respektvollen Ausdruck „verstiegen“ einzusetzen hatte.

3. Auf meinem Schreibtische liegen seit vielen Jahren neben einander ein Reflexhammer und eine Stimmgabel. Eines Tages eile ich nach Schluss der Sprechstunde fort, weil ich einen bestimmten Stadtbahnzug erreichen will, stecke bei vollem Tageslicht anstatt des Hammers die Stimmgabel in die Rocktasche und werde durch die Schwere des die Tasche herabziehenden Gegenstandes auf meinen Missgriff aufmerksam gemacht. Wer sich über so kleine Vorkommnisse Gedanken zu machen nicht gewöhnt ist, wird ohne Zweifel den Fehlgriff durch die Eile des Momentes erklären und entschuldigen. Ich habe es trotzdem vorgezogen, mir die Frage zu stellen, warum ich eigentlich die Stimmgabel anstatt des Hammers genommen. Die Eilfertigkeit hätte ebensowohl ein Motiv sein können, den Griff richtig auszuführen, um nicht Zeit mit der Korrektur zu versäumen.

Wer hat zuletzt nach der Stimmgabel gegriffen? lautet die Frage, die sich mir da aufdrängt. Das war vor wenigen Tagen ein *idiotisches* Kind, bei dem ich die Aufmerksamkeit auf Sinneseindrücke prüfte, und das durch die Stimmgabel so gefesselt wurde, dass ich sie ihm nur schwer entreissen konnte. Soll das also heissen, ich sei ein Idiot? Allerdings scheint es so, denn der nächste Einfall, der sich an Hammer assoziiert, lautet „Chamer“ (hebräisch: Esel).

Was soll aber dieses Geschimpfe? Man muss hier die Situation befragen. Ich eile zu einer Konsultation in einem Ort an der Westbahnstrecke, zu einer Kranken, die nach der brieflich mitgeteilten Anamnese vor Monaten vom Balkon herabgestürzt ist und seither nicht gehen kann. Der Arzt, der mich einlädt, schreibt, er wisse trotzdem nicht, ob es sich um Rückenmarksverletzung oder um traumatische Neurose – Hysterie – handle. Das soll ich nun entscheiden. Da wäre also eine Mahnung am Platze, in der heiklen Differentialdiagnose besonders vorsichtig zu sein. Die

Kollegen meinen ohnedies, man diagnostiziere viel zu leichtsinnig Hysterie, wo es sich um ernstere Dinge handle. Aber die Beschimpfung ist noch nicht gerechtfertigt! Ja, es kommt hinzu, dass die kleine Bahnstation der nämliche Ort ist, an dem ich vor Jahren einen jungen Mann gesehen, der seit einer Gemütsbewegung nicht ordentlich gehen konnte. Ich diagnostizierte damals Hysterie und nahm den Kranken später in psychische Behandlung, und dann stellte es sich heraus, dass ich freilich nicht unrichtig diagnostiziert hatte, aber auch nicht richtig. Eine ganze Anzahl der Symptome des Kranken war hysterisch gewesen, und diese schwanden auch prompt im Laufe der Behandlung. Aber hinter diesen wurde nun ein für die Therapie unantastbarer Rest sichtbar, der sich nur auf eine multiple Sklerose beziehen liess. Die den Kranken nach mir sahen, hatten es leicht, die organische Affektion zu erkennen; ich hätte kaum anders vorgehen und anders urteilen können, aber der Eindruck war doch der eines schweren Irrtums; das Versprechen der Heilung, das ich ihm gegeben hatte, war natürlich nicht zu halten. Der Missgriff nach der Stimmgabel anstatt nach dem Hammer liess sich also so in Worte übersetzen: Du Trottel, Du Esel, nimm Dich diesmal zusammen, dass du nicht wieder eine Hysterie diagnostizierst, wo eine unheilbare Krankheit vorliegt, wie bei dem armen Mann an demselben Ort vor Jahren! Und zum Glück für diese kleine Analyse, wenn auch zum Unglück für meine Stimmung, war dieser selbe Mann mit schwerer spastischer Lähmung wenige Tage vorher und einen Tag nach dem idiotischen Kind in meiner Sprechstunde gewesen.

Man merkt, es ist diesmal die Stimme der Selbstkritik, die sich durch das Fehlgreifen vernehmlich macht. Zu solcher Verwendung als Selbstvorwurf ist der Fehlgriff ganz besonders geeignet. Der Missgriff hier will den Missgriff, den man anderswo begangen hat, darstellen.

4. Selbstverständlich kann das Fehlgreifen auch einer ganzen Reihe anderer dunkler Absichten dienen. Hier ein erstes Beispiel: Es kommt sehr selten vor, dass ich etwas zerschlage. Ich bin nicht besonders geschickt, aber infolge der anatomischen Integrität meiner Nervmuskelapparate sind Gründe für so ungeschickte Bewegungen mit unerwünschtem Erfolg bei mir offenbar nicht gegeben. Ich weiss also kein Objekt in meinem Hause zu erinnern, dessengleichen ich je zerschlagen hätte. Ich bin durch die Enge in meinem Studierzimmer oft genötigt, in den unbequemsten Stellungen mit einer Anzahl von antiken Ton- und Steinsachen, von denen ich eine kleine Sammlung habe, zu hantieren, so dass Zuschauer die Besorgnis ausdrücken, ich würde etwas herunterschleudern und zerschlagen. Es ist aber niemals geschehen. Warum habe ich also unlängst den marmornen Deckel meines einfachen Tintengefässes zu Boden geworfen, so dass er zerbrach?

Mein Tintenzeug besteht aus einer Platte von Untersberger Marmor, die für die Aufnahme des gläsernen Tintenfässchens ausgehöhlt ist; das Tintenfass trägt einen Deckel mit Knopf aus demselben Stein. Ein Kranz von Bronzestatuetten und Terrakotta-Figürchen ist hinter diesem Tintenzeug aufgestellt. Ich setze mich an den Tisch, um zu schreiben, mache mit der Hand, welche den Federstiel hält, eine merkwürdig ungeschickte, ausfahrende Bewegung und werfe so den Deckel des Tintenfasses, der bereits auf dem Tische lag, zu Boden. Die Erklärung ist nicht schwer zu finden. Einige Stunden vorher war meine Schwester im Zimmer gewesen, um sich einige neue Erwerbungen anzusehen. Sie fand sie sehr schön und äusserte dann: 'Jetzt sieht Dein Schreibtisch wirklich hübsch aus, nur das Tintenzeug passt nicht dazu. Du musst ein schöneres haben.' Ich begleitete die Schwester hinaus und kam erst nach Stunden zurück. Dann aber habe ich, wie es scheint, an dem verurteilten Tintenzeug die Exekution vollzogen. Schloss ich etwa aus den Worten der Schwester, dass sie sich vorgenommen habe, mich zur nächsten festlichen Gelegenheit mit einem schöneren Tintenzeug zu beschenken, und zerschlug das unschöne alte, um sie zur Verwirklichung ihrer angedeuteten Absicht zu nötigen? Wenn dem so ist, so war meine schleudernde Bewegung nur scheinbar ungeschickt; in Wirklichkeit war sie höchst geschickt und zielbewusst und verstand es, allen wertvolleren in der Nähe befindlichen Objekten schonend auszuweichen.

Ich glaube wirklich, dass man diese Beurteilung für eine ganze Reihe von anscheinend zufällig ungeschickten Bewegungen annehmen muss. Es ist richtig, dass diese etwas Gewaltsames, Schleuderndes, wie Spastisch-ataktisches zur Schau tragen, aber sie erweisen sich als von einer Intention beherrscht und treffen ihr Ziel mit einer Sicherheit, die man den bewusst willkürlichen Bewegungen nicht allgemein nachrühmen kann. Beide Charaktere, die Gewaltsamkeit wie die Treffsicherheit, haben sie übrigens mit den motorischen Äusserungen der hysterischen Neurose und zum Teil auch mit den motorischen Leistungen des Somnambulismus gemeinsam, was wohl hier wie dort auf die nämliche unbekannte Modifikation des Innervationsvorganges hinweist.

Das Fallenlassen von Objekten, Umwerfen, Zerschlagen derselben scheint sehr häufig zum Ausdruck unbewusster Gedankengänge verwendet zu werden, wie man gelegentlich durch Analyse beweisen kann, häufiger aber aus den abergläubisch oder scherzhaft daran geknüpften Deutungen im Volksmunde erraten möchte. Es ist bekannt, welche Deutungen sich an das Ausschütten von Salz, Umwerfen eines Weinglases, Steckenbleiben eines zu Boden gefallenen Messers u. dgl. knüpfen. Welches Anrecht auf Beachtung solche abergläubische Deutungen haben, werde ich erst an späterer Stelle erörtern; hierher gehört nur die Bemerkung, dass die einzelne ungeschickte Verrichtung keineswegs einen konstanten Sinn hat, sondern je nach Umständen sich dieser oder jener Absicht als Darstellungsmittel bietet.

Wenn dienende Personen gebrechliche Gegenstände durch Fallenlassen vernichten, so wird man an eine psychologische Erklärung hiefür gewiss nicht in erster Linie denken, doch ist auch dabei ein Beitrag dunkler Motive nicht unwahrscheinlich. Nichts liegt dem Ungebildeten ferner als die Schätzung der Kunst und der Kunstwerke. Eine dumpfe Feindseligkeit gegen deren Erzeugnisse beherrscht unser dienendes Volk, zumal wenn die Gegenstände, deren Wert sie nicht einsehen, eine Quelle von Arbeitsanforderung für sie werden. Leute von derselben Bildungsstufe und Herkunft zeichnen sich dagegen in wissenschaftlichen Instituten oft durch grosse Geschicklichkeit und Verlässlichkeit in der Handhabung heikler Objekte aus, wenn sie erst begonnen haben, sich mit ihrem Herrn zu identifizieren und sich zum wesentlichen Personal des Instituts zu rechnen.

Sich selbst fallen lassen, einen Fehltritt machen, ausgleiten, braucht gleichfalls nicht immer als rein zufälliges Fehlschlagen motorischer Aktion gedeutet zu werden. Der sprachliche Doppelsinn dieser Ausdrücke weist bereits auf die Art von verhaltenen Phantasien hin, die sich durch solches Aufgeben des Körpergleichgewichts darstellen können. Ich erinnere mich an eine Anzahl von leichteren nervösen Erkrankungen bei Frauen und Mädchen, die nach einem Fall ohne Verletzung aufgetreten waren und als traumatische Hysterie zufolge des Schrecks beim Falle aufgefasst wurden. Ich bekam schon damals den Eindruck, als ob die Dinge anders zusammenhingen, als wäre das Fallen bereits eine Veranstaltung der Neurose und ein Ausdruck derselben unbewussten Phantasien sexuellen Inhalts gewesen, die man als die bewegenden Kräfte hinter den Symptomen vermuten darf. Sollte dasselbe nicht auch ein Sprichwort sagen wollen, welches lautet: 'Wenn eine Jungfrau fällt, fällt sie auf den Rücken'?

5. Dass zufällige Aktionen eigentlich absichtliche sind, wird auf keinem anderen Gebiete eher Glauben finden als auf dem der sexuellen Betätigung, wo die Grenze zwischen beiderlei Arten sich

wirklich zu verwischen scheint. Dass eine scheinbar ungeschickte Bewegung höchst raffiniert zu sexuellen Zwecken ausgenutzt werden kann, davon habe ich vor einigen Jahren an mir selbst ein schönes Beispiel erlebt. Ich traf in einem befreundeten Hause ein als Gast angelangtes junges Mädchen, welches ein längst für erloschen gehaltenes Wohlgefallen bei mir erregte und mich darum heiter, gesprächig und zuvorkommend stimmte. Ich habe damals auch nachgeforscht, auf welchen Bahnen dies zuging; ein Jahr vorher hatte dasselbe Mädchen mich kühl gelassen. Als nun der Onkel des Mädchens, ein sehr alter Herr, ins Zimmer trat, sprangen wir beide auf, um ihm einen in der Ecke stehenden Stuhl zu bringen. Sie war behender als ich, wohl auch dem Objekt näher; so hatte sie sich zuerst des Sessels bemächtigt und trug ihn mit der Lehne nach rückwärts, beide Hände auf die Sesselränder gelegt, vor sich hin. Indem ich später hinzutrat und den Anspruch, den Sessel zu tragen, doch nicht aufgab, stand ich plötzlich dicht hinter ihr, hatte beide Arme von rückwärts um sie geschlungen, und die Hände trafen sich einen Moment lang vor ihrem Schoss. Ich löste natürlich die Situation ebenso rasch, als sie entstanden war. Es schien auch keinem aufzufallen, wie geschickt ich diese ungeschickte Bewegung ausgebeutet hatte.

Gelegentlich habe ich mir auch sagen müssen, dass das ärgerliche, ungeschickte Ausweichen auf der Strasse, wobei man durch einige Sekunden hin und her, aber doch stets nach der nämlichen Seite wie der oder die Andere, Schritte macht, bis endlich beide vor einander stehen bleiben, dass auch dieses „den Weg Vertreten“ ein unartig provozierendes Benehmen früherer Jahre wiederholt und sexuelle Absichten unter der Maske der Ungeschicklichkeit verfolgt. Aus meinen Psychoanalysen Neurotischer weiss ich, dass die sogenannte Naivität junger Leute und Kinder häufig nur solch eine Maske ist, um das Unanständige unbeirrt durch Genieren aussprechen oder tun zu können.

6. Die Effekte, die durch das Fehlgreifen normaler Menschen zustande kommen, sind in der Regel von harmlosester Art. Gerade darum wird sich ein besonderes Interesse an die Frage knüpfen, ob Fehlgriffe von erheblicher Tragweite, die von bedeutsamen Folgen begleitet sein können, wie z. B. die des Arztes oder Apothekers, nach irgend einer Richtung unter unsere Gesichtspunkte fallen.

Da ich sehr selten in die Lage komme, ärztliche Eingriffe vorzunehmen, habe ich nur über ein Beispiel von ärztlichem Vergreifen aus eigener Erfahrung zu berichten. Bei einer sehr alten Dame, die ich seit Jahren zweimal täglich besuche, beschränkt sich meine ärztliche Tätigkeit beim Morgenbesuch auf zwei Akte: ich träufle ihr ein paar Tropfen Augenwasser ins Auge und gebe ihr eine Morphiuminjektion. Zwei Fläschchen, ein blaues für das Kollyrium und ein weisses mit der Morphinlösung, sind regelmässig vorbereitet. Während der beiden Verrichtungen beschäftigen sich meine Gedanken wohl meist mit etwas anderem; das hat sich eben schon so oft wiederholt, dass die Aufmerksamkeit sich wie frei benimmt. Eines Morgens bemerkte ich, dass der Automat falsch gearbeitet hatte, das Tropfröhrchen hatte ins weisse anstatt ins blaue Fläschchen eingetaucht und nicht Kollyrium, sondern Morphin ins Auge geträufelt. Ich erschrak heftig und beruhigte mich dann durch die Überlegung, dass einige Tropfen einer zweiprozentigen Morphinlösung auch im Bindehautsack kein Unheil anzurichten vermögen. Die Schreckempfindung war offenbar anderswoher abzuleiten.

Bei dem Versuch, den kleinen Fehlgriff zu analysieren, fiel mir zunächst die Phrase ein: 'sich an der Alten vergreifen', die den kurzen Weg zur Lösung weisen konnte. Ich stand unter dem Eindrucke eines Traumes, den mir am Abend vorher ein junger Mann erzählt hatte, dessen Inhalt sich nur auf sexuellen Verkehr mit der eigenen Mutter deuten liess. Die Sonderbarkeit, dass die Sage keinen Anstoss an dem Alter der Königin Jokaste nimmt, schien mir gut zu dem Ergebnis zu stimmen, dass es sich bei der

Verliebtheit in die eigene Mutter niemals um deren gegenwärtige Person handelt, sondern um ihr jugendliches Erinnerungsbild aus den Kinderjahren. Solche Inkongruenzen stellen sich immer heraus, wo eine zwischen zwei Zeiten schwankende Phantasie bewusst gemacht und dadurch an eine bestimmte Zeit gebunden wird. In Gedanken solcher Art versunken kam ich zu meiner über neunzigjährigen Patientin, und ich muss wohl auf dem Wege gewesen sein, den allgemein menschlichen Charakter der Oedipusfabel als das Korrelat des Verhängnisses, das sich in den Orakeln äussert, zu erfassen, denn ich vergriff mich dann 'bei oder an der Alten'. Indes dies Vergreifen war wiederum harmlos; ich hatte von den beiden möglichen Irrtümern, die Morphinlösung fürs Auge zu verwenden, oder das Augenwasser zur Injektion zu nehmen, den bei weitem harmloseren gewählt. Es bleibt immer noch die Frage, ob man bei Fehlgriffen, die schweren Schaden stiften können, in ähnlicher Weise wie bei den hier behandelten eine unbewusste Absicht in Erwägung ziehen darf.

Hier lässt mich denn, wie zu erwarten steht, das Material im Stiche, und ich bleibe auf Vermutungen und Annäherungen angewiesen. Es ist bekannt, dass bei den schwereren Fällen von Psychoneurose Selbstbeschädigungen gelegentlich als Krankheitssymptome auftreten, und dass der Ausgang des psychischen Konfliktes in Selbstmord bei ihnen niemals auszuschliessen ist. Ich habe nun erfahren, und werde es eines Tages durch gut aufgeklärte Beispiele belegen, dass viele scheinbar zufällige Schädigungen, die solche Kranke treffen, eigentlich Selbstbeschädigungen sind, indem eine beständig lauernde Tendenz zur Selbstbestrafung, die sich sonst als Selbstvorwurf äussert, oder ihren Beitrag zur Symptombildung stellt, eine zufällig gebotene äussere Situation geschickt ausnützt, oder ihr etwa noch bis zur Erreichung des gewünschten schädigenden Effektes nachhilft. Solche Vorkommnisse sind auch bei mittelschweren Fällen keineswegs selten, und sie verraten den Anteil der unbewussten Absicht durch eine Reihe von besonderen Zügen, z. B. durch die auffällige Fassung, welche die Kranken bei dem angeblichen Unglücksfalle bewahren.

Wer an das Vorkommen von halb absichtlicher Selbstbeschädigung – wenn der ungeschickte Ausdruck gestattet ist – glaubt, der wird dadurch vorbereitet anzunehmen, dass es ausser dem bewusst absichtlichen Selbstmord auch halb absichtliche Selbstvernichtung – mit unbewusster Absicht – gibt, die eine Lebensbedrohung geschickt auszunützen und sie als zufällige Verunglückung zu maskieren weiss. Eine solche braucht keineswegs selten zu sein. Denn die Tendenz zur Selbstvernichtung ist bei sehr viel mehr Menschen in einer gewissen Stärke vorhanden, als bei denen sie sich durchsetzt; die Selbstbeschädigungen sind in der Regel ein Kompromiss zwischen diesem Trieb und den ihm noch entgegenwirkenden Kräften, und auch wo es wirklich zum Selbstmord kommt, da ist die Neigung dazu eine lange Zeit vorher in geringerer Stärke oder als unbewusste und unterdrückte Tendenz vorhanden gewesen.

Auch die bewusste Selbstmordabsicht wählt ihre Zeit, Mittel und Gelegenheit: es ist ganz im Einklang damit, wenn die unbewusste einen Anlass abwartet, der einen Teil der Verursachung auf sich nehmen und sie durch Inanspruchnahme der Abwehrkräfte des Individuums von ihrer Bedrückung frei machen kann. Es sind keineswegs müssige Erwägungen, die ich da vorbringe; mir ist mehr als ein Fall von anscheinend zufälligem Verunglücken (zu Pferde oder aus dem Wagen) bekannt geworden, dessen nähere Umstände den Verdacht auf unbewusst zugelassenen Selbstmord rechtfertigen. Da stürzt z. B. während eines Offizierswettrennens ein Offizier vom Pferde und verletzt sich so schwer, dass er mehrere Tage nachher erliegt. Sein Benehmen, nachdem er zu sich gekommen, ist in manchen Stücken auffällig. Noch bemerkenswerter ist sein Benehmen vorher gewesen. Er ist tief verstimmt durch den Tod seiner geliebten Mutter, wird von

Weinkrämpfen in der Gesellschaft seiner Kameraden befallen, er äussert Lebensüberdruss gegen seine vertrauten Freunde, will den Dienst quittieren, um an einem Kriege in Afrika Anteil zu nehmen, der ihn sonst nicht berühr; früher ein schneidiger Reiter, weicht er jetzt dem Reiten aus, wo es nur möglich ist. Vor dem Wettrennen endlich, dem er sich nicht entziehen kann, äussert er eine trübe Ahnung; wir werden uns bei unserer Auffassung nicht mehr verwundern, dass diese Ahnung Recht behielt. Man wird mir entgegenhalten, es sei ja ohne weiteres verständlich, dass ein Mensch in solcher nervöser Depression das Tier nicht zu meistern versteht wie in gesunden Tagen. Ich bin ganz einverstanden; nur möchte ich den Mechanismus dieser motorischen Hemmung durch die Nervosität in der hier betonten Selbstvernichtungsabsicht suchen.

Wenn so ein Wüten gegen die eigene Integrität und das eigene Leben hinter anscheinend zufälliger Ungeschicklichkeit und motorischer Unzulänglichkeit verborgen sein kann, so braucht man keinen grossen Schritt mehr zu tun, um die Übertragung der nämlichen Auffassung auf Fehlgriffe möglich zu finden, welche Leben und Gesundheit anderer ernstlich in Gefahr bringen. Was ich an Belegen für die Triftigkeit dieser Auffassung vorbringen kann, ist der Erfahrung an Neurotikern entnommen, deckt sich also nicht völlig mit dem Erfordernis. Ich werde über einen Fall berichten, in dem mich nicht eigentlich ein Fehlgriff, sondern, was man eher eine Symptom- oder Zufallshandlung nennen kann, auf die Spur brachte, welche dann die Lösung des Konflikts bei dem Patienten ermöglichte. Ich übernahm es einmal, die Ehe eines sehr intelligenten Mannes zu bessern, dessen Misshelligkeiten mit seiner ihn zärtlich liebenden jungen Frau sich gewiss auf reale Begründungen berufen konnten, aber wie er selbst zugab, durch diese nicht voll erklärt wurden. Er beschäftigte sich unablässig mit dem Gedanken der Scheidung, den er dann wieder verwarf, weil er seine beiden kleinen Kinder zärtlich liebte. Trotzdem kam er immer wieder auf den Vorsatz zurück und versuchte dabei kein Mittel, um sich die Situation erträglich zu gestalten. Solches Nichtfertigwerden mit einem Konflikt gilt mir als Beweis dafür, dass sich unbewusste und verdrängte Motive zur Verstärkung der mit einander streitenden bewussten bereit gefunden haben, und ich unternehme es in solchen Fällen, den Konflikt durch psychische Analyse zu beenden. Der Mann erzählte mir eines Tages von einem kleinen Vorfall, der ihn aufs äusserste erschreckt hatte. Er „hetzte" mit seinem älteren Kind, dem weitaus geliebteren, hob es hoch und liess es nieder und einmal an solcher Stelle und so hoch, dass das Kind mit dem Scheitel fast an den schwer herabhängenden Gasluster angestossen hätte. ***Fast***, aber doch eigentlich nicht oder gerade eben noch! Dem Kind war nichts geschehen, aber es wurde vor Schreck schwindlig. Der Vater blieb entsetzt mit dem Kinde im Arme stehen, die Mutter bekam einen hysterischen Anfall. Die besondere Geschicklichkeit dieser unvorsichtigen Bewegung, die Heftigkeit der Reaktion bei den Eltern legten es mir nahe, in dieser Zufälligkeit eine Symptomhandlung zu suchen, welche eine böse Absicht gegen das geliebte Kind zum Ausdruck bringen sollte. Den Widerspruch gegen die aktuelle Zärtlichkeit dieses Vaters zu seinem Kinde konnte ich mildern, wenn ich den Impuls zur Schädigung in die Zeit zurückverlegte, da dieses Kind das einzige und so klein gewesen war, dass sich der Vater noch nicht zärtlich für dasselbe zu interessieren brauchte. Dann hatte ich es leicht, anzunehmen, dass der von seiner Frau wenig befriedigte Mann damals den Gedanken gehabt oder den Vorsatz gefasst: Wenn dieses kleine Wesen, an dem mir gar nichts liegt, stirbt, dann bin ich frei und kann mich von der Frau scheiden lassen. Ein Wunsch nach dem Tode dieses jetzt so geliebten Wesens musste also unbewusst weiterbestehen. Von hier ab war der Weg zur unbewussten Fixierung dieses Wunsches leicht zu finden. Eine mächtige Determinierung ergab sich wirklich aus der Kindheitserinnerung des Patienten, dass der Tod eines kleinen Bruders, den die Mutter der Nachlässigkeit des Vaters zur Last legte, zu heftigen Auseinandersetzungen zwischen den Eltern mit Scheidungsandrohung geführt hatte. Der weitere Verlauf der Ehe meines Patienten bestätigte meine Kombination auch durch den therapeutischen Erfolg.

VIII. Symptom- und Zufallshandlungen.

Die bisher beschriebenen Handlungen, in denen wir die Ausführung einer unbewussten Absicht erkannten, traten als Störungen anderer beabsichtigter Handlungen auf und deckten sich mit dem Vorwand der Ungeschicklichkeit. Die Zufallshandlungen, von denen jetzt die Rede sein soll, unterscheiden sich von denen des Vergreifens nur dadurch, dass sie die Anlehnung an eine bewusste Intention verschmähen und also des Vorwandes nicht bedürfen. Sie treten für sich auf und werden zugelassen, weil man Zweck und Absicht bei ihnen nicht vermutet. Man führt sie aus, 'ohne sich etwas bei ihnen zu denken', nur 'rein zufällig', 'wie um die Hände zu beschäftigen', und man rechnet darauf, dass solche Auskunft der Nachforschung nach der Bedeutung der Handlung ein Ende bereiten wird. Um sich dieser Ausnahmsstellung erfreuen zu können, müssen diese Handlungen, die nicht mehr die Entschuldigung der Ungeschicklichkeit in Anspruch nehmen, bestimmte Bedingungen erfüllen; sie müssen *unauffällig* und ihre Effekte müssen geringfügig sein.

Ich habe eine grosse Anzahl solcher Zufallshandlungen bei mir und anderen gesammelt, und meine nach gründlicher Untersuchung der einzelnen Beispiele, dass sie eher den Namen von *Symptomhandlungen* verdienen. Sie bringen etwas zum Ausdruck, was der Täter selbst nicht in ihnen vermutet, und was er in der Regel nicht mitzuteilen, sondern für sich zu behalten beabsichtigt. Sie spielen also ganz so wie alle anderen bisher betrachteten Phänomene die Rolle von Symptomen.

Die reichste Ausbeute an solchen Zufalls- oder Symptomhandlungen erhält man allerdings bei der psychoanalytischen Behandlung der Neurotiker. Ich kann es mir nicht versagen, an zwei Beispielen dieser Herkunft zu zeigen, wie weit und wie fein die Determinierung dieser unscheinbaren Vorkommnisse durch unbewusste Gedanken getrieben ist. Die Grenze der Symptomhandlungen gegen das Vergreifen ist so wenig scharf, dass ich diese Beispiele auch im vorigen Abschnitt hätte unterbringen können.

1. Eine junge Frau erzählte als Einfall während der Sitzung, dass sie sich gestern beim Nägelschneiden 'ins Fleisch geschnitten, während sie das feine Häutchen im Nagelbett abzutragen bemüht war'. Das ist so wenig interessant, dass man sich verwundert fragt, wozu es überhaupt erinnert und erwähnt wird, und auf die Vermutung gerät, man habe es mit einer Symptomhandlung zu tun. Es war auch wirklich der Ringfinger, an dem das kleine Ungeschick vorfiel, der Finger, an dem man den Ehering trägt. Es war überdies ihr Hochzeitstag, was der Verletzung des feinen Häutchens einen ganz bestimmten, leicht zu erratenden Sinn verleiht. Sie erzählt auch gleichzeitig einen Traum, der auf die Ungeschicklichkeit ihres Mannes und auf ihre Anästhesie als Frau anspielt. Warum war es aber der Ringfinger der linken Hand, an dem sie sich verletzte, da man doch den Ehering an der rechten Hand trägt? Ihr Mann ist Jurist, „Doktor der Rechte", und ihre geheime Neigung hatte als Mädchen einem Arzt (scherzhaft: „Doktor der Linke") gehört. Eine Ehe zur linken Hand hat auch ihre bestimmte Bedeutung.

2. Eine unverheiratete junge Dame erzählt: 'Ich habe gestern ganz unabsichtlich eine 100 Guldennote in zwei Stücke gerissen und die Hälfte davon einer mich besuchenden Dame gegeben. Soll das auch eine Symptomhandlung sein?' Die genauere Erforschung deckt folgende Einzelheiten auf: Die Hundertguldennote: Sie widmet einen Teil ihrer Zeit und ihres Vermögens wohltätigen Werken. Gemeinsam mit einer anderen Dame sorgt sie für die

Erziehung eines verwaisten Kindes. Die 100 Gulden sind der ihr zugeschickte Beitrag jener Dame, den sie in ein Couvert einschloss und vorläufig auf ihren Schreibtisch niederlegte.

Die Besucherin war eine angesehene Dame, der sie bei einer anderen Wohltätigkeitsaktion beisteht. Diese Dame wollte eine Reihe von Namen von Personen notieren, an die man sich um Unterstützung wenden könnte. Es fehlte an Papier, da griff meine Patientin nach dem Couvert auf ihrem Schreibtisch und riss es, ohne sich an seinen Inhalt zu besinnen, in zwei Stücke, von denen sie eines selbst behielt, um ein Duplikat der Namensliste zu haben, das andere ihrer Besucherin übergab. Man bemerke die Harmlosigkeit dieses unzweckmässigen Vorgehens. Eine Hundertguldennote erleidet bekanntlich keine Einbusse an ihrem Werte, wenn sie zerrissen wird, falls sie sich aus den Rissstücken vollständig zusammensetzen lässt. Dass die Dame das Stück Papier nicht wegwerfen würde, war durch die Wichtigkeit der darauf stehenden Namen verbürgt, und ebensowenig litt es einen Zweifel, dass sie den wertvollen Inhalt zurückstellen würde, sobald sie ihn bemerkt.

Welchem unbewussten Gedanken sollte aber diese Zufallshandlung, die sich durch ein Vergessen ermöglichte, Ausdruck geben? Die besuchende Dame hatte eine ganz bestimmte Beziehung zu unserer Kur. Es war dieselbe, die mich seinerzeit dem leidenden Mädchen als Arzt empfohlen, und wenn ich nicht irre, hält sich meine Patientin zum Dank für diesen Rat verpflichtet. Soll die halbierte Hundertguldennote etwa ein Honorar für diese Vermittlung darstellen? Das bliebe noch recht befremdlich.

Es kommt aber anderes Material hinzu. Einige Tage vorher hatte eine Vermittlerin ganz anderer Art bei einer Verwandten angefragt, ob das gnädige Fräulein wohl die Bekanntschaft eines gewissen Herrn machen wolle, und am Morgen, einige Stunden vor dem Besuche der Dame, war der Werbebrief des Freiers eingetroffen, der viel Anlass zur Heiterkeit gegeben hatte. Als nun die Dame das Gespräch mit einer Erkundigung nach dem Befinden meiner Patientin eröffnete, konnte sie wohl gedacht haben: 'Den richtigen Arzt hast Du mir zwar empfohlen, wenn Du mir aber zum richtigen Mann (und dahinter: zu einem Kind) verhelfen könntest, wäre ich Dir doch dankbarer.' Von diesem verdrängt gehaltenen Gedanken aus flossen ihr die beiden Vermittlerinnen in eins zusammen, und sie überreichte der Besucherin das Honorar, das ihre Phantasie der anderen zu geben bereit war. Völlig verbindlich wird diese Lösung, wenn ich hinzufüge, dass ich ihr erst am Abend vorher von solchen Zufalls- oder Symptomhandlungen erzählt hatte. Sie bediente sich dann der nächsten Gelegenheit, um etwas Analoges zu produzieren.

Eine Gruppierung der so überaus häufigen Zufalls- und Symptomhandlungen könnte man vornehmen, je nachdem sie gewohnheitsmässig, regelmässig unter gewissen Umständen, oder vereinzelt erfolgen. Die ersteren (wie das Spielen mit der Uhrkette, das Zwirbeln am Bart etc.), die fast zur Charakteristik der betreffenden Personen dienen können, streifen an die mannigfaltigen Tikbewegungen und verdienen wohl im Zusammenhange mit letzteren behandelt zu werden. Zur zweiten Gruppe rechne ich das Spielen, wenn man einen Stock, das Kritzeln, wenn man einen Bleistift in der Hand hält, das Klimpern mit Münzen in der Tasche, das Kneten von Teig und anderen plastischen Stoffen, allerlei Hantierungen an seiner Gewandung u. dgl. mehr. Unter diesen spielenden Beschäftigungen verbergen sich während der psychischen Behandlung regelmässig Sinn und Bedeutung, denen ein anderer Ausdruck versagt ist. Gewöhnlich weiss die betreffende Person nichts davon, dass sie dergleichen tut, oder dass sie gewisse Modifikationen an ihrem gewöhnlichen Tändeln vorgenommen hat, und sie übersieht und überhört auch die Effekte dieser Handlungen. Sie hört z. B. das Geräusch nicht, das sie beim Klimpern mit Geldstücken hervorbringt, und benimmt sich wie erstaunt und ungläubig, wenn man sie darauf aufmerksam macht. Ebenso ist alles, was man, oft ohne es zu merken, mit seinen Kleidern vornimmt, bedeutungsvoll und der Beachtung des Arztes wert. Jede Veränderung des gewohnten Aufzuges, jede kleine Nachlässigkeit, wie etwa ein nicht schliessender Knopf, jede Spur von Entblössung will etwas besagen, was der Eigentümer der Kleidung nicht direkt sagen will, meist gar nicht zu sagen weiss. Die Deutungen dieser kleinen Zufallshandlungen, sowie die Beweise für diese Deutungen ergeben sich jedesmal mit zureichender Sicherheit aus den Begleitumständen während der Sitzung, aus dem eben behandelten Thema und aus den Einfällen, die sich einstellen, wenn man die Aufmerksamkeit auf die anscheinende Zufälligkeit lenkt. Wegen dieses Zusammenhanges unterlasse ich es, meine Behauptungen durch Mitteilung von Beispielen mit Analyse zu unterstützen; ich erwähne diese Dinge aber, weil ich glaube, dass sie bei normalen Menschen dieselbe Bedeutung haben wie bei meinen Patienten.

Ich kann etwa aus meiner psychotherapeutischen Erfahrung einen Fall erzählen, in dem die mit einem Klumpen Brotkrume spielende Hand eine beredte Aussage ablegte. Mein Patient war ein noch nicht 13j., seit fast zwei Jahren schwer hysterischer Knabe, den ich endlich in psychoanalytische Behandlung nahm, nachdem ein längerer Aufenthalt in einer Wasserheilanstalt sich erfolglos erwiesen hatte. Er musste nach meiner Voraussetzung sexuelle Erfahrungen gemacht haben und seiner Altersstufe entsprechend von sexuellen Fragen gequält sein; ich hütete mich aber, ihm mit Aufklärungen zur Hilfe zu kommen, weil ich wieder einmal eine Probe auf meine Voraussetzungen anstellen wollte. Ich durfte also neugierig sein, auf welchem Wege sich das Gesuchte bei ihm andeuten würde. Da fiel es mir auf, dass er eines Tages irgend etwas zwischen den Fingern der rechten Hand rollte, damit in die Tasche fuhr, dort weiter spielte, es wieder hervorzog etc. Ich fragte nicht, was er in der Hand habe; er zeigte es mir aber, indem er plötzlich die Hand öffnete. Es war Brotkrume, die zu einem Klumpen zusammengeknetet war. In der nächsten Sitzung brachte er wieder einen solchen Klumpen mit, formte aber aus ihm, während wir das Gespräch führten, mit unglaublicher Raschheit und bei geschlossenen Augen Figuren, die mein Interesse erregten. Es waren unzweifelhaft Männchen mit Kopf, zwei Armen, zwei Beinen, wie die rohesten prähistorischen Idole, und einem Fortsatz zwischen beiden Beinen, den er in eine lange Spitze auszog. Kaum dass dieser gefertigt war, knetete er das Männchen wieder zusammen; später liess er es bestehen, zog aber einen ebensolchen Fortsatz an der Rückenfläche und an anderen Stellen aus, um die Bedeutung des ersten zu verhüllen. Ich wollte ihm zeigen, dass ich ihn verstanden habe, ihm aber dabei die Ausflucht benehmen, dass er sich bei dieser Menschen formenden Tätigkeit nichts gedacht habe. In dieser Absicht fragte ich ihn plötzlich, ob er sich an die Geschichte jenes römischen Königs erinnere, der dem Abgesandten seines Sohnes eine pantomimische Antwort im Garten gegeben. Der Knabe wollte sich nicht an das erinnern, was er doch vor so viel kürzerer Zeit als ich gelernt haben musste. Er fragte, ob das die Geschichte von dem Sklaven sei, auf dessen glattrasierten Schädel man die Antwort geschrieben habe. Nein, das gehört in die griechische Geschichte, sagte ich und erzählte: Der König Tarquinius Priscus hatte seinen Sohn Sextus veranlasst, sich in eine feindliche latinische Stadt einzuschleichen. Der Sohn, der sich unterdes Anhang in dieser Stadt verschafft hatte, schickte einen Boten an den König mit der Frage, was nun weiter geschehen solle. Der König gab keine Antwort, sondern ging in seinen Garten, liess sich dort die Frage wiederholen und schlug schweigend die grössten und schönsten Mohnköpfe ab. Dem Boten blieb nichts übrig als dieses dem Sextus zu berichten, der den Vater verstand und es sich angelegen sein liess, die angesehensten Bürger der Stadt durch Mord zu beseitigen.

Während ich redete, hielt der Knabe in seinem Kneten inne, und als ich mich anschickte zu erzählen, was der König in seinem Garten tat, schon bei den Worten „schlug schweigend“, hatte er mit einer blitzschnellen Bewegung seinem Männchen den Kopf abgerissen. Er hatte mich also verstanden und gemerkt, dass er von mir verstanden worden war. Ich konnte ihn nun direkt befragen, gab ihm die Auskünfte, um die es ihm zu tun war, und wir hatten binnen kurzem der Neurose ein Ende gemacht.

Von den vereinzelten Zufallshandlungen will ich ein Beispiel mitteilen, welches auch ohne Analyse eine tiefere Deutung zuliess, das die Bedingungen trefflich erläutert, unter denen solche Symptome vollkommen unauffällig produziert werden können, und an das sich eine praktisch bedeutsame Bemerkung anknüpfen lässt. Auf einer Sommerreise traf es sich, dass ich einige Tage an einem gewissen Orte auf die Ankunft meines Reisegefährten zu warten hatte. Ich machte unterdes die Bekanntschaft eines jungen Mannes, der sich gleichfalls einsam zu fühlen schien und sich bereitwillig mir anschloss. Da wir in demselben Hôtel wohnten, fügte es sich leicht, dass wir alle Mahlzeiten gemeinsam einnahmen und Spaziergänge miteinander machten. Am Nachmittag des dritten Tages teilte er mir plötzlich mit, dass er heute abends seine mit dem Eilzuge anlangende Frau erwarte. Mein psychologisches Interesse wurde nun rege, denn es war mir an meinem Gesellschafter bereits am Vormittag aufgefallen, dass er meinen Vorschlag zu einer grösseren Partie zurückgewiesen und auf unserem kleinen Spaziergang einen gewissen Weg als zu steil und gefährlich nicht hatte begehen wollen. Auf dem Nachmittagsspaziergang behauptete er plötzlich, ich müsste doch hungrig sein, ich sollte doch ja nicht seinetwegen die Abendmahlzeit aufschieben, er werde erst nach der Ankunft seiner Frau mit ihr zu Abend essen. Ich verstand den Wink und setzte mich an den Tisch, während er auf den Bahnhof ging. Am nächsten Morgen trafen wir uns in der Vorhalle des Hôtels. Er stellte mir seine Frau vor und fügte hinzu: Sie werden doch mit uns das Frühstück nehmen? Ich hatte noch eine kleine Besorgung in der nächsten Strasse vor und versicherte, ich würde bald nachkommen. Als ich dann in den Frühstückssaal trat, sah ich, dass das Paar an einem kleinen Fenstertisch Platz genommen hatte, auf dessen einer Seite sie beide sassen. Auf der Gegenseite befand sich nur ein Sessel, aber über dessen Lehne hing der grosse und schwere Lodenmantel des Mannes herab, den Platz verdeckend. Ich verstand sehr wohl den Sinn dieser gewiss nicht absichtlichen, aber darum um so ausdrucksvolleren Lagerung. Es hiess: für Dich ist hier kein Platz, Du bist jetzt überflüssig. Der Mann bemerkte es nicht, dass ich vor dem Tische stehen blieb, ohne mich zu setzen, wohl aber die Dame, die ihren Mann sofort anstiess und ihm zuflüsterte: Du hast ja dem Herrn den Platz verlegt.

Bei diesem wie bei anderen ähnlichen Erlebnissen habe ich mir gesagt, dass die unabsichtlich ausgeführten Handlungen unvermeidlich zur Quelle von Missverständnissen im menschlichen Verkehr werden müssen. Der Täter, der von einer mit ihnen verknüpften Absicht nichts weiss, rechnet sich dieselben nicht an und hält sich nicht verantwortlich für sie. Der andere hingegen erkennt, indem er regelmässig auch solche Handlungen seines Partners zu Schlüssen über dessen Absichten und Gesinnungen verwertet, mehr von den psychischen Vorgängen des Fremden, als dieser selbst zuzugeben bereit ist und mitgeteilt zu haben glaubt. Letzterer aber entrüstet sich, wenn ihm diese aus seinen Symptomhandlungen gezogenen Schlüsse vorgehalten werden, erklärt sie für grundlos, da ihm das Bewusstsein für die Absicht bei der Ausführung fehlt, und klagt über Missverständnis von Seiten des anderen. Genau besehen beruht ein solches Missverständnis auf einem Zufein- und Zuvielverstehen. Je „nervöser“ zwei Menschen sind, desto eher werden sie einander Anlass zu Entzweiungen bieten, deren Begründung jeder für seine eigene Person ebenso bestimmt leugnet, wie er sie für die Person des anderen als gesichert annimmt. Und dies ist wohl die Strafe für die innere Unaufrichtigkeit, dass die Menschen unter den Vorwänden des Vergessens, Vergreifens und der Unabsichtlichkeit Regungen den Ausdruck gestatten, die sie besser sich und anderen eingestehen würden, wenn sie sie schon nicht beherrschen können. Man kann in der Tat ganz allgemein behaupten, dass jedermann fortwährend psychische Analyse an seinen Nebenmenschen betreibt und diese infolgedessen besser kennen lernt als jeder einzelne sich selbst. Der Weg zur Befolgung der Mahnung γνοτι σεαντων führt durch das Studium seiner eigenen scheinbar zufälligen Handlungen und Unterlassungen.

IX. Irrtümer.

Die Irrtümer des Gedächtnisses sind vom Vergessen mit Fehlerinnern nur durch den einen Zug unterschieden, dass der Irrtum (das Fehlerinnern) nicht als solcher erkannt wird, sondern Glauben findet. Der Gebrauch des Ausdruckes „Irrtum" scheint aber noch an einer anderen Bedingung zu hängen. Wir sprechen von „Irren" anstatt von „falsch Erinnern", wo in dem zu reproduzierenden psychischen Material der Charakter der objektiven Realität hervorgehoben werden soll, wo also etwas anderes erinnert werden soll als eine Tatsache meines eigenen psychischen Lebens, vielmehr etwas, was der Bestätigung oder Widerlegung durch die Erinnerung anderer zugänglich ist. Den Gegensatz zum Gedächtnisirrtum in diesem Sinn bildet die Unwissenheit.

In meinem Buche *"Die Traumdeutung (1900)"* habe ich mich einer Reihe von Verfälschungen an geschichtlichem und überhaupt tatsächlichem Material schuldig gemacht, auf die ich nach dem Erscheinen des Buches mit Verwunderung aufmerksam geworden bin. Ich habe bei näherer Prüfung derselben gefunden, dass sie nicht meiner Unwissenheit entsprungen sind, sondern sich auf Irrtümer des Gedächtnisses zurückleiten, welche sich durch Analyse aufklären lassen.

1. Ich bezeichne als den Geburtsort *Schillers* die Stadt *Marburg*, deren Name in der Steiermark wiederkehrt. Der Irrtum findet sich in der Analyse eines Traumes während einer Nachtreise, aus dem ich durch den vom Kondukteur ausgerufenen Stationsnamen *Marburg* geweckt wurde. Im Trauminhalt wird nach einem Buch von *Schiller* gefragt. Nun ist *Schiller* nicht in der Universitätsstadt *Marburg*, sondern in dem schwäbischen *Marbach* geboren. Ich behaupte auch, dass ich dies immer gewusst habe.

2. Es wird *Hannibals* Vater *Hasdrubal* genannt. Dieser Irrtum war mir besonders ärgerlich, hat mich aber in der Auffassung solcher Irrtümer am meisten bestärkt. In der Geschichte der *Barkiden* dürften wenige der Leser des Buches besser Bescheid

wissen als der Verfasser, der diesen Fehler niederschrieb und ihn bei drei Korrekturen übersah. Der Vater *Hannibals* hiess *Hamilkar Barkas, Hasdrubal* war der Name von *Hannibals* Bruder, übrigens auch der seines Schwagers und Vorgängers im Kommando.

3. Ich behaupte, dass *Zeus* seinen Vater Kronos entmannt und ihn vom Throne stürzt. Diesen Greuel habe ich aber irrtümlich um eine Generation vorgeschoben; die griechische Mythologie lässt ihn von *Kronos* an seinem Vater *Uranos* verüben.

Wie ist es nun zu erklären, dass mein Gedächtnis in diesen Punkten Ungetreues lieferte, während es mir sonst, wie sich Leser des Buches überzeugen können, das entlegenste und ungebräuchlichste Material zur Verfügung stellte? Und ferner, dass ich bei drei sorgfältig durchgeführten Korrekturen wie mit Blindheit geschlagen an diesen Irrtümern vorbeiging?

Man hat von *Lichtenberg* gesagt, wo er einen Witz gemacht habe, dort liege ein Problem verborgen. Ähnlich kann man über die hier angeführten Stellen meines Buches behaupten: wo ein Irrtum vorliegt, da steckt eine Verdrängung dahinter. Richtiger gesagt: eine Unaufrichtigkeit, eine Entstellung, die schliesslich auf Verdrängtem fusst. Ich bin bei der Analyse der dort mitgeteilten Träume durch die blosse Natur der Themata, auf welche sich die Traumgedanken beziehen, genötigt gewesen, einerseits die Analyse irgendwo vor ihrer Abrundung abzubrechen, andererseits einer indiskreten Einzelheit durch eine leise Entstellung die Schärfe zu benehmen. Ich konnte nicht anders und hatte auch keine andere Wahl, wenn ich überhaupt Beispiele und Belege vorbringen wollte; meine Zwangslage leitete sich mit Notwendigkeit aus der Eigenschaft der Träume ab, Verdrängtem, d. h. Bewusstseinsunfähigem, Ausdruck zu geben. Es dürfte trotzdem genug übrig geblieben sein, woran empfindlichere Seelen Anstoss genommen haben. Die Entstellung oder Verschweigung der mir selbst noch bekannten fortsetzenden Gedanken hat sich nun nicht spurlos durchführen lassen. Was ich unterdrücken wollte, hat sich oftmals wider meinen Willen den Zugang in das von mir Aufgenommene erkämpft und ist darin als von mir unbemerkter Irrtum zum Vorschein gekommen. In allen drei hervorgehobenen Beispielen liegt übrigens das nämliche Thema zu Grunde; die Irrtümer sind Abkömmlinge verdrängter Gedanken, die sich mit meinem verstorbenen Vater beschäftigen.

- ad. a) Wer den analysierten Traum durchliest, wird teils unverhüllt erfahren, teils aus Andeutungen erraten können, dass ich bei Gedanken abgebrochen habe, die eine unfreundliche Kritik am Vater enthalten hätten. In der Fortsetzung dieses Zuges von Gedanken und Erinnerungen liegt nun eine ärgerliche Geschichte, in welcher Bücher eine Rolle spielen und ein Geschäftsfreund des Vaters, der den Namen *Marburg* führt, denselben Namen, durch dessen Anruf in der gleichnamigen Südbahnstation ich aus dem Schlaf geweckt wurde. Diesen Herrn *Marburg* wollte ich bei der Analyse mir und den Lesern unterschlagen; er rächte sich dadurch, dass er sich dort einmengte, wo er nicht hingehört, und den Namen des Geburtsortes *Schillers* aus *Marbach* in *Marburg* veränderte.

- ad. b) Der Irrtum *Hasdrubal* anstatt *Hamilkar*, der Name des Bruders an Stelle des Namens des Vaters, ereignet sich gerade in einem Zusammenhange, der von den Hannibalphantasien meiner Gymnasiastenjahre und von meiner Unzufriedenheit mit dem Benehmen des Vaters gegen die „Feinde unseres Volkes" handelt. Ich hätte fortsetzen und erzählen können, wie mein Verhältnis zum Vater durch einen Besuch in England verändert wurde, der mich die Bekanntschaft meines dort lebenden Halbbruders aus früherer Ehe des Vaters machen liess. Mein Bruder hat einen ältesten Sohn, der mir gleichalterig ist; die Phantasien, wie anders es geworden wäre, wenn ich nicht als Sohn des Vaters, sondern des Bruders zur Welt gekommen wäre, fanden also kein Hindernis an den Altersrelationen. Diese unterdrückten Phantasien fälschten nun an der Stelle, wo ich in der Analyse abbrach, den Text meines Buches, indem sie mich nötigten, den Namen des Bruders für den des Vaters zu setzen.

- ad. c) Dem Einfluss der Erinnerung an diesen selben Bruder schreibe ich es zu, dass ich die mythologischen Greuel der griechischen Götterwelt um eine Generation vorgeschoben habe. Von den Mahnungen des Bruders ist mir lange Zeit eine im Gedächtnis geblieben: 'Vergiss nicht, in Bezug auf Lebensführung, eines', hatte er mir gesagt, 'dass Du nicht der zweiten, sondern eigentlich der dritten Generation vom Vater aus angehörst.' Unser Vater hatte sich in späteren Jahren wieder verheiratet und war um so vieles älter als seine Kinder zweiter Ehe. Ich begehe den besprochenen Irrtum im Buche gerade, wo ich von der Pietät zwischen Eltern und Kindern handle.

Es ist auch einige Male vorgekommen, dass Freunde und Patienten, deren Träume ich berichtete, oder auf die ich in den Traumanalysen anspielte, mich aufmerksam machten, die Umstände der gemeinsam erlebten Begebenheit seien von mir ungenau erzählt worden. Das wären nun wiederum historische Irrtümer. Ich habe die einzelnen Fälle nach der Richtigstellung nachgeprüft und mich gleichfalls überzeugt, dass meine Erinnerung des Sachlichen nur dort ungetreu war, wo ich in der Analyse etwas mit Absicht entstellt oder verhehlt hatte. Auch hier wieder *ein unbemerkter Irrtum als Ersatz für eine absichtliche Verschweigung oder Verdrängung*.

Von diesen Irrtümern, die der Verdrängung entspringen, heben sich scharf andere ab, die auf wirklicher Unwissenheit beruhen. So war es z. B. Unwissenheit, wenn ich auf einem Ausflug in die *Wachau* den Aufenthalt des Revolutionärs *Fischhof* berührt zu haben glaubte. Die beiden Orte haben nur den Namen gemein; das *Emmersdorf Fischhofs* liegt in Kärnthen. Ich wusste es aber nicht anders.

Man wird vielleicht nicht geneigt sein, die Klasse von Irrtümern, für die ich hier die Aufklärung gebe, für sehr zahlreich oder besonders bedeutungsvoll zu halten. Ich gebe aber zu bedenken, ob man nicht Grund hat, die gleichen Gesichtspunkte auch auf die Beurteilung der ungleich wichtigeren *Urteilsirrtümer* der Menschen im Leben und in der

Wissenschaft auszudehnen. Nur den auserlesensten und ausgeglichensten Geistern scheint es möglich zu sein, das Bild der wahrgenommenen äusseren Realität vor der Verzerrung zu bewahren, die es sonst beim Durchgang durch die psychische Individualität des Wahrnehmenden erfährt.

X. Determinismus. – Zufalls- und Aberglauben. – Gesichtspunkte.

Als das allgemeine Ergebnis der vorstehenden Einzelerörterungen kann man folgende Einsicht hinstellen: *Gewisse Unzulänglichkeiten unserer psychischen Leistungen* – deren gemeinsamer Charakter sogleich näher bestimmt werden soll – *und gewisse absichtslos erscheinende Verrichtungen erweisen sich, wenn man das Verfahren der psychoanalytischen Untersuchung auf sie anwendet, als wohlmotiviert und durch dem Bewusstsein unbekannte Motive determiniert*.

Um in die Klasse der so zu erklärenden Phänomene eingereiht zu werden, muss eine psychische Fehlleistung folgenden Bedingungen genügen:

1. Sie darf nicht über ein gewisses Mass hinausgehen, welches von unserer Schätzung festgesetzt ist und durch den Ausdruck „innerhalb der Breite des Normalen“ bezeichnet wird.

2. Sie muss den Charakter der momentanen und zeitweiligen Störung an sich tragen. Wir müssen die nämliche Leistung vorher korrekter ausgeführt haben oder uns jederzeit zutrauen, sie korrekter auszuführen. Wenn wir von anderer Seite korrigiert werden, müssen wir die Richtigkeit der Korrektur und die Unrichtigkeit unseres eigenen psychischen Vorganges sofort erkennen.

3. Wenn wir die Fehlleistung überhaupt wahrnehmen, dürfen wir von einer Motivierung derselben nichts in uns verspüren,

sondern müssen versucht sein, sie durch „Unaufmerksamkeit" zu erklären oder als „Zufälligkeit" hinzustellen.

Es verbleiben somit in dieser Gruppe die Fälle von Vergessen und die Irrtümer bei besserem Wissen, das Versprechen, Verlesen, Verschreiben, Vergreifen und die sog. Zufallshandlungen. Die gleiche Zusammensetzung mit der Vorsilbe *ver* deutet für die meisten dieser Phänomene die innere Gleichartigkeit sprachlich an. An die Aufklärung dieser so bestimmten psychischen Vorgänge knüpft aber eine Reihe von Bemerkungen an, die zum Teil ein weitergehendes Interesse erwecken dürfen.

1. Indem wir einen Teil unserer psychischen Leistungen als unaufklärbar durch Zielvorstellungen preisgeben, verkennen wir den Umfang der Determinierung im Seelenleben. Dieselbe reicht hier und noch auf anderen Gebieten weiter, als wir es vermuten. Ich habe im Jahre 1900 in einem Aufsatz des Literarhistorikers *R. M. Meyer* in der *"Zeit"* ausgeführt und an Beispielen erläutert gefunden, dass es unmöglich ist, absichtlich und willkürlich einen Unsinn zu komponieren. Seit längerer Zeit weiss ich, dass man es nicht zustande bringt, sich eine Zahl nach freiem Belieben einfallen zu lassen, ebensowenig wie etwa einen Namen. Untersucht man die scheinbar willkürlich gebildete, etwa mehrstellige, wie im Scherz oder Übermut ausgesprochene Zahl, so erweist sich deren strenge Determinierung, die man wirklich nicht für möglich gehalten hätte. Ich will nun zunächst ein Beispiel eines willkürlich gewählten Vornamens kurz erörtern und dann ein analoges Beispiel einer „gedankenlos hingeworfenen" Zahl ausführlicher analysieren.

1.1 Im Begriffe, die Krankengeschichte einer meiner Patientinnen für die Publikation herzurichten, erwäge ich, welchen Vornamen ich ihr in der Arbeit geben soll. Die Auswahl scheint sehr gross; gewiss schliessen sich einige Namen von vorne herein aus, in erster Linie der echte Name, sodann die Namen meiner eigenen Familienangehörigen, an denen ich Anstoss nehmen würde, etwa noch andere Frauennamen von besonders seltsamem Klang; im übrigen aber brauchte ich um einen solchen Namen nicht verlegen zu sein. Man sollte erwarten und ich erwarte selbst, dass sich mir eine ganze Schar weiblicher Namen zur Verfügung stellen wird. Anstatt dessen taucht ein einzelner auf, kein zweiter neben ihm, der Name *Dora*. Ich frage nach seiner Determinierung. Wer heisst denn nur sonst Dora? Ungläubig möchte ich den nächsten Einfall zurückweisen, der lautet, dass das Kindermädchen meiner Schwester so heisst. Aber ich besitze soviel Selbstzucht oder Übung im Analysieren, dass ich den Einfall festhalte und weiterspinne. Da fällt mir auch sofort eine kleine Begebenheit des vorigen Abends ein, welche die gesuchte Determinierung bringt. Ich sah auf dem Tisch im Speisezimmer meiner Schwester einen Brief liegen mit der Aufschrift: 'An Fräulein Rosa W.' Erstaunt fragte ich, wer so heisst, und wurde belehrt, dass die vermeintliche Dora eigentlich Rosa heisst, und diesen ihren Namen beim Eintritt ins Haus ablegen musste, weil meine Schwester den Ruf „Rosa" auch auf ihre eigene Person beziehen kann. Ich sage bedauernd: Die armen Leute, nicht einmal ihren Namen können sie beibehalten! Wie ich mich jetzt besinne, wurde ich dann für einen Moment still und begann an allerlei ernsthafte Dinge zu denken, die ins Unklare verliefen, die ich mir jetzt aber leicht bewusst machen könnte. Als ich dann am nächsten Tag nach einem Namen für eine Person suchte, *die ihren eigenen nicht beibehalten durfte*, fiel mir kein anderer als „Dora" ein. Die Ausschliesslichkeit beruht hier auf fester inhaltlicher Verknüpfung, denn in der Geschichte meiner Patientin rührte ein auch für den Verlauf der Kur entscheidender Einfluss von der im fremden Haus dienenden Person, von einer Gouvernante, her.

1.2. In einem Briefe an meinen Freund in B. kündige ich ihm an, dass ich jetzt die Korrekturen der *Traumdeutung* abgeschlossen habe und nichts mehr an dem Werk ändern will, „möge es auch 2467 Fehler enthalten“. Ich versuche sofort, mir diese Zahl aufzuklären und füge die kleine Analyse noch als Nachschrift dem Briefe an. Am besten zitiere ich jetzt, wie ich damals geschrieben, als ich mich auf frischer Tat ertappte:

‘Noch rasch einen Beitrag zur Psychopathologie des Alltagslebens. Du findest im Brief die Zahl 2467 als übermütige Willkürschätzung der Fehler, die sich im Traumbuch finden werden. Es soll heissen: irgend eine grosse Zahl, und da stellt sich diese ein. Nun gibt es aber nichts Willkürliches, Undeterminiertes im Psychischen. Du wirst also auch mit Recht erwarten, dass das Unbewusste sich beeilt hat, die Zahl zu determinieren, die von dem Bewussten freigelassen wurde. Nun hatte ich gerade vorher in der Zeitung gelesen, dass ein General E. M. als Feldzeugmeister in den Ruhestand getreten. Du musst wissen, der Mann interessiert mich. Während ich als militärärztlicher Eleve diente, kam er einmal, damals Oberst, in den Krankenstand und sagte zum Arzt: ‘Sie müssen mich aber in 8 Tagen gesund machen, denn ich habe etwas zu arbeiten, worauf der Kaiser wartet.’ Damals nahm ich mir vor, die Laufbahn des Mannes zu verfolgen, und siehe da, heute (1899) ist er am Ende derselben, Feldzeugmeister und schon im Ruhestande. Ich wollte ausrechnen, in welcher Zeit er diesen Weg zurückgelegt, und nahm an, dass ich ihn 1882 im Spital gesehen. Das wären also 17 Jahre. Ich erzähle meiner Frau davon und sie bemerkt: ‘Da müsstest Du also auch schon im Ruhestande sein?’ Und ich protestiere: Davor bewahre mich Gott. Nach diesem Gespräch setze ich mich an den Tisch, um Dir zu schreiben. Der frühere Gedankengang setzt sich aber fort und mit gutem Recht. Es war falsch gerechnet; ich habe einen festen Punkt dafür in meiner Erinnerung. Meine Grossjährigkeit, meinen **24.** Geburtstag also, habe ich im Militärarrest gefeiert (weil ich mich eigenmächtig absentiert hatte). Das war also 1880; es sind 19 Jahre her. Da hast Du nun die Zahl 24 in 2467! Nimm nun meine Alterszahl 43 und gib 24 Jahre hinzu, so bekommst Du die 67! D. h. auf die Frage, ob ich auch in den Ruhestand treten will, habe ich mir im Wunsch noch 24 Jahre Arbeit zugelegt. Offenbar bin ich gekränkt darüber, dass ich es in dem Intervall, durch das ich den Oberst M. verfolgt, selbst nicht weit gebracht habe, und doch wie in einer Art von Triumph darüber, dass er jetzt schon fertig ist, während ich noch Alles vor mir habe. Da darf man doch mit Recht sagen, dass nicht einmal die absichtslos hingeworfene Zahl 2467 ihrer Determinierung aus dem Unbewussten entbehrt.'

Seit diesem ersten Beispiel von Aufklärung einer scheinbar willkürlich gewählten Zahl habe ich den gleichen Versuch vielmals mit dem nämlichen Erfolg wiederholt; aber die meisten Fälle sind so sehr intimen Inhalts, dass sie sich der Mitteilung entziehen. Gerade an diesen Analysen ist mir zweierlei besonders auffällig: Erstens die geradezu somnambule Sicherheit, mit der ich auf das mir unbekannte Ziel losgehe, mich in einen rechnenden Gedankengang versenke, der dann plötzlich bei der gesuchten Zahl angelangt ist, und die Raschheit, mit der sich die ganze Nacharbeit vollzieht; zweitens aber der Umstand, dass die Zahlen meinem unbewussten Denken so bereitwillig zur Verfügung stehen, während ich ein schlechter Rechner bin und die grössten Schwierigkeiten habe, mir Jahreszahlen, Hausnummern und dergleichen bewusst zu merken. Ich finde übrigens in diesen unbewussten Gedankenoperationen mit Zahlen eine Neigung zum Aberglauben, deren Herkunft mir selbst noch fremd ist. Meist stosse ich auf Spekulationen über die Lebensdauer meiner selbst und der mir teuren Personen, und bestimmend auf die unbewussten Spielereien muss eingewirkt haben, dass mein Freund in B. die Lebenszeiten der Menschen zum Gegenstand seiner auf biologische Einheiten gegründeten Rechnungen genommen hat. Ich bin nun mit einer der Voraussetzungen, von denen er hierbei ausgeht, nicht einverstanden, möchte aus höchst egoistischen Motiven gerne gegen ihn Recht behalten und scheine nun diese Rechnungen auf meine Art nachzuahmen.

2. Diese Einsicht in die Determinierung scheinbar willkürlich gewählter Namen und Zahlen kann vielleicht zur Klärung eines anderen Problems beitragen. Gegen die Annahme eines durchgehenden psychischen Determinismus berufen sich bekanntlich viele Personen auf ein besonderes Überzeugungsgefühl für die Existenz eines freien Willens. Dieses Überzeugungsgefühl besteht und weicht auch dem Glauben an den Determinismus nicht. Es muss wie alle normalen Gefühle durch irgend etwas berechtigt sein. Es äussert sich aber, soviel ich beobachten kann, nicht bei den grossen und wichtigen Willensentscheidungen; bei diesen Gelegenheiten hat man vielmehr die Empfindung des psychischen Zwanges und beruft sich auf sie (‘Hier stehe ich, ich kann nicht anders’). Hingegen möchte man gerade bei den belanglosen, indifferenten Entschliessungen versichern, dass man ebensowohl anders hätte handeln können, dass man aus freiem, nicht motiviertem Willen gehandelt hat. Nach unseren Analysen braucht man nun das Recht des Überzeugungsgefühles vom freien Willen nicht zu bestreiten. Führt man die Unterscheidung der Motivierung aus dem Bewussten von der Motivierung aus dem Unbewussten ein, so berichtet uns das Überzeugungsgefühl, dass die bewusste Motivierung sich nicht auf alle unsere motorischen Entscheidungen erstreckt. *Minima non curat praetor.* Was aber so von der einen Seite frei gelassen wird, das empfängt seine

Motivierung von anderer Seite, aus dem Unbewussten, und so ist die Determinierung im Psychischen doch lückenlos durchgeführt.

3. Wenngleich dem bewussten Denken die Kenntnis von der Motivierung der besprochenen Fehlleistungen nach der ganzen Sachlage abgehen muss, so wäre es doch erwünscht, einen psychologischen Beweis für deren Existenz aufzufinden; ja es ist aus Gründen, die sich bei näherer Kenntnis des Unbewussten ergeben, wahrscheinlich, dass solche Beweise irgendwo auffindbar sind. Es lassen sich wirklich auf zwei Gebieten Phänomene nachweisen, welche einer unbewussten und darum verschobenen Kenntnis von dieser Motivierung zu entsprechen scheinen.

   3.1 Es ist ein auffälliger und allgemein bemerkter Zug im Verhalten der Paranoiker, dass sie den kleinen, sonst von uns vernachlässigten Details im Benehmen der anderen die grösste Bedeutung beilegen, dieselben ausdeuten und zur Grundlage weitgehender Schlüsse machen. Der letzte Paranoiker z. B., den ich gesehen habe, schloss auf ein allgemeines Einverständnis in seiner Umgebung, weil die Leute bei seiner Abreise auf dem Bahnhof eine gewisse Bewegung mit der einen Hand gemacht hatten. Ein anderer hat die Art notiert, wie die Leute auf der Strasse gehen, mit den Spazierstöcken fuchteln u. dgl.

   Die Kategorie des Zufälligen, der Motivierung nicht Bedürftigen, welche der Normale für einen Teil seiner eigenen psychischen Leistungen und Fehlleistungen gelten lässt, verwirft der Paranoiker also in der Anwendung auf die psychischen Äusserungen der anderen. Alles, was er an den anderen bemerkt, ist bedeutungsvoll, alles ist deutbar. Wie kommt er nur dazu? Er projiziert wahrscheinlich in das Seelenleben der anderen, was im eigenen unbewusst vorhanden ist, hier wie in so vielen ähnlichen Fällen. In der Paranoia drängt sich eben so vielerlei zum Bewusstsein durch, was wir bei Normalen und Neurotikern erst durch die

Psychoanalyse als im Unbewussten vorhanden nachweisen. Der Paranoiker hat also hierin in gewissem Sinne Recht, er erkennt etwas, was dem Normalen entgeht, er sieht schärfer als das normale Denkvermögen, aber die Verschiebung des so erkannten Sachverhaltes auf andere macht seine Erkenntnis wertlos. Die Rechtfertigung der einzelnen paranoischen Deutungen wird man dann hoffentlich von mir nicht erwarten. Das Stück Berechtigung aber, welches wir der Paranoia bei dieser Auffassung der Zufallshandlungen zugestehen, wird uns das psychologische Verständnis der Überzeugung erleichtern, welche sich beim Paranoiker an alle diese Deutungen geknüpft hat. *Es ist eben etwas Wahres daran*; auch unsere nicht als krankhaft zu bezeichnenden Urteilsirrtümer erwerben das ihnen zugehörige Überzeugungsgefühl auf keine andere Art. Dies *Gefühl* ist für ein gewisses Stück des irrtümlichen Gedankenganges oder für die Quelle, aus der er stammt, berechtigt und wird dann von uns auf den übrigen Zusammenhang ausgedehnt.

3.2 Ein anderer Hinweis auf die unbewusste und verschobene Kenntnis der Motivierung bei Zufalls- und Fehlleistungen findet sich in den Phänomenen des Aberglaubens. Ich will meine Meinung durch die Diskussion des kleinen Erlebnisses klar legen, welches für mich der Ausgangspunkt dieser Überlegungen war.

Von den Ferien zurückgekehrt, richten sich meine Gedanken alsbald auf die Kranken, die mich in dem neu beginnenden Arbeitsjahr beschäftigen sollen. Mein erster Weg gilt einer sehr alten Dame, bei der ich (siehe oben) seit Jahren die nämlichen ärztlichen Manipulationen zweimal täglich vornehme. Wegen dieser Gleichförmigkeit haben sich unbewusste Gedanken sehr häufig auf dem Wege zu der Kranken und während der Beschäftigung mit ihr Ausdruck verschafft. Sie ist über 90 Jahre alt; es liegt also nahe, sich bei Beginn eines jeden Jahres zu fragen, wie lange sie wohl noch zu leben hat. An dem Tage, von dem ich erzähle, habe ich Eile, nehme also einen Wagen, der mich vor ihr Haus führen soll. Jeder der Kutscher auf dem Wagenstandplatz vor meinem Hause kennt die Adresse der alten Frau, denn jeder hat mich schon oftmals dahin geführt. Heute ereignet es sich nun, dass der Kutscher nicht vor ihrem Hause, sondern vor dem gleichbezifferten in einer nahegelegenen und wirklich ähnlich aussehenden Parallelstrasse Halt macht. Ich merke den Irrtum und werfe ihn dem Kutscher vor, der sich entschuldigt. Hat das nun etwas zu bedeuten, dass ich vor ein Haus geführt werde, in dem ich die alte Dame nicht vorfinde? Für mich gewiss nicht, aber wenn ich *abergläubisch* wäre, würde ich in dieser Begebenheit ein Vorzeichen erblicken, einen Fingerzeig des Schicksals, dass dies Jahr das letzte für die alte Frau sein wird. Recht viele Vorzeichen, welche die Geschichte aufbewahrt hat, sind in keiner besseren Symbolik begründet gewesen. *Ich* erkläre allerdings den Vorfall für eine Zufälligkeit ohne weiteren Sinn.

Ganz anders läge der Fall, wenn ich den Weg zu Fuss gemacht und dann in „Gedanken", in der „Zerstreutheit" vor das Haus der Parallelstrasse anstatt vors richtige gekommen wäre. Das würde ich für keinen Zufall erklären, sondern für eine der Deutung bedürftige Handlung mit unbewusster Absicht. Diesem „Vergehen" müsste ich wahrscheinlich die Deutung geben, dass ich die alte Dame bald nicht mehr anzutreffen erwarte.

Ich unterscheide mich also von einem Abergläubischen in folgendem:

Ich glaube nicht, dass ein Ereignis, an dessen Zustandekommen mein Seelenleben unbeteiligt ist, mir etwas Verborgenes über die zukünftige Gestaltung der Realität lehren kann; ich glaube aber, dass eine unbeabsichtigte Äusserung meiner eigenen Seelentätigkeit mir allerdings etwas Verborgenes enthüllt, was wiederum nur meinem Seelenleben angehört; ich glaube zwar an äusseren (realen) Zufall, aber nicht an innere (psychische)

> Zufälligkeit. Der Abergläubische umgekehrt: er weiss nichts von der Motivierung seiner zufälligen Handlungen und Fehlleistungen, er glaubt, dass es psychische Zufälligkeiten gibt; dafür ist er geneigt, dem äusseren Zufall eine Bedeutung zuzuschreiben, die sich im realen Geschehen äussern wird, im Zufall ein Ausdrucksmittel für etwas draussen ihm Verborgenes zu sehen. Die Unterschiede zwischen mir und dem Abergläubischen sind zwei: erstens projiziert er eine Motivierung nach aussen, die ich innen suche; zweitens deutet er den Zufall durch ein Geschehen, den ich auf einen Gedanken zurückführe. Aber das Verborgene bei ihm entspricht dem Unbewussten bei mir, und der Zwang, den Zufall nicht als Zufall gelten zu lassen, sondern ihn zu deuten, ist uns beiden gemeinsam.

Ich nehme nun an, dass diese bewusste Unkenntnis und unbewusste Kenntnis von der Motivierung der psychischen Zufälligkeiten eine der psychischen Wurzeln des Aberglaubens ist. *Weil* der Abergläubische von der Motivierung der eigenen zufälligen Handlungen nichts weiss, und weil die Tatsache dieser Motivierung nach einem Platz in seiner Anerkennung drängt, ist er genötigt, sie durch Verschiebung in der Aussenwelt unterzubringen. Besteht ein solcher Zusammenhang, so wird er kaum auf diesen einzelnen Fall beschränkt sein. Ich glaube in der Tat, dass ein grosses Stück der mythologischen Weltauffassung, die weit bis in die modernsten Religionen hinein reicht, *nichts anderes ist als in die Aussenwelt projizierte Psychologie*. Die dunkle Erkenntnis psychischer Faktoren und Verhältnisse des Unbewussten spiegelt sich – es ist schwer, es anders zu sagen, die Analogie mit der Paranoia muss hier zur Hilfe genommen werden – in der Konstruktion einer *übersinnlichen Realität*, welche von der Wissenschaft in *Psychologie des Unbewussten* zurückverwandelt werden soll. Man könnte sich getrauen, die Mythen vom Paradies und Sündenfall, von Gott, vom Guten und Bösen, von der Unsterblichkeit und dgl. in solcher Weise aufzulösen, die *Metaphysik* in *Metapsychologie* umzusetzen. Die Kluft zwischen der Verschiebung des Paranoikers und der des Abergläubischen ist minder gross, als sie auf den ersten Blick erscheint. Als die Menschen zu denken begannen, waren sie bekanntlich genötigt, die Aussenwelt anthropomorphisch in eine Vielheit von Persönlichkeiten nach ihrem Gleichnis aufzulösen; die Zufälligkeiten, die sie abergläubisch deuteten, waren also Handlungen, Äusserungen von Personen, und sie haben sich demnach genau so benommen wie die Paranoiker, welche aus den unscheinbaren Anzeichen, die ihnen die Anderen geben, Schlüsse ziehen, und wie die Gesunden alle, welche mit Recht die zufälligen und unbeabsichtigten Handlungen ihrer Nebenmenschen zur Grundlage der Schätzung ihres Charakters machen. Der Aberglaube erscheint nur so sehr deplaziert in unserer modernen, naturwissenschaftlichen, aber noch keineswegs abgerundeten Weltanschauung; in der Weltanschauung vorwissenschaftlicher Zeiten und Völker war er berechtigt und konsequent.

Der Römer, der eine wichtige Unternehmung aufgab, wenn ihm ein widriger Vogelflug begegnete, war also relativ im Recht; er handelte konsequent nach seinen Voraussetzungen. Wenn er aber von der Unternehmung abstand, weil er an der Schwelle seiner Tür gestolpert war („Un Romain retournerait“), so war er uns Ungläubigen auch absolut überlegen, ein besserer Seelenkundiger, als wir uns zu sein bemühen. Denn dies Stolpern konnte ihm die Existenz eines Zweifels, einer Gegenströmung in seinem Innern beweisen, deren Kraft sich im Momente der Ausführung von der Kraft seiner Intention abziehen konnte. Des vollen Erfolges ist man nämlich nur dann sicher, wenn alle Seelenkräfte einig dem gewünschten Ziel entgegenstreben. Wie antwortet *Schillers Tell*, der so lange gezaudert, den Apfel vom Haupt seines Knaben zu schiessen, auf die Frage des Vogts, wozu er den zweiten Pfeil eingesteckt?

'Mit diesem zweiten Pfeil durchbohrt' ich – Euch,
Wenn ich mein liebes Kind getroffen hätte,
Und *Euer* – wahrlich – hätt' ich *nicht* gefehlt.'

4. Als ich unlängst Gelegenheit hatte, einem philosophisch gebildeten Kollegen einige Beispiele von Namenvergessen mit Analyse vorzutragen, beeilte er sich zu erwidern: Das ist sehr schön, aber bei mir geht das Namenvergessen anders zu. So leicht darf man es sich offenbar nicht machen; ich glaube nicht, dass mein Kollege je vorher an eine Analyse bei Namenvergessen gedacht hatte; er konnte auch nicht sagen, wie es bei ihm anders zugehe. Aber seine Bemerkung trifft doch ein Problem, welches viele in den Vordergrund zu stellen geneigt sein werden. Trifft die hier gegebene Auflösung der Fehl- und Zufallshandlungen allgemein zu oder nur vereinzelt, und wenn letzteres, welches sind die Bedingungen, unter denen sie zur Erklärung der auch anderswie ermöglichten Phänomene herangezogen werden darf? Bei der Beantwortung dieser Frage lassen mich meine Erfahrungen im Stiche. Ich kann nur davon abmahnen, den aufgezeigten Zusammenhang für selten zu halten, denn so oft ich bei mir selbst und bei meinen Patienten die Probe angestellt, hat er sich wie in den mitgeteilten Beispielen sicher nachweisen lassen oder haben sich wenigstens gute Gründe, ihn zu vermuten, ergeben. Es ist nicht zu verwundern, wenn es nicht alle Male gelingt, den verborgenen Sinn der Symptomhandlung zu finden, da die Grösse der inneren Widerstände, die sich der Lösung widersetzen, als entscheidender Faktor in Betracht kommt. Man ist auch nicht imstande, bei sich selbst oder bei den Patienten jeden einzelnen Traum zu deuten; es genügt, um die Allgemeingiltigkeit der Theorie zu bestätigen, wenn man nur ein Stück weit in den verdeckten Zusammenhang einzudringen vermag. Der Traum, der sich beim Versuche, ihn am Tage nachher zu lösen, refraktär zeigt, lässt sich oft eine Woche oder einen Monat später sein Geheimnis entreissen, wenn eine unterdes erfolgte reale Veränderung die mit

einander streitenden psychischen Wertigkeiten herabgesetzt hat. Das nämliche gilt für die Lösung der Fehl- und Symptomhandlungen; das Beispiel von Verlesen 'Im Fass durch Europa' hat mir die Gelegenheit gegeben zu zeigen, wie ein anfänglich unlösbares Symptom der Analyse zugänglich wird, wenn das *reale Interesse* an den verdrängten Gedanken nachgelassen hat. So lange die Möglichkeit bestand, dass mein Bruder den beneideten Titel vor mir erhielte, widerstand das genannte Verlesen allen wiederholten Bemühungen der Analyse; nachdem es sich herausgestellt hatte, dass diese Bevorzugung unwahrscheinlich sei, klärte sich mir plötzlich der Weg, der zur Auflösung desselben führte. Es wäre also unrichtig, von all den Fällen, welche der Analyse widerstehen, zu behaupten, sie seien durch einen anderen als den hier aufgedeckten psychischen Mechanismus entstanden; es brauchte für diese Annahme noch andere als negative Beweise. Auch die bei Gesunden wahrscheinlich allgemein vorhandene Bereitwilligkeit, an eine andere Erklärung der Fehl- und Symptomhandlungen zu glauben, ist jeder Beweiskraft bar; sie ist, wie selbstverständlich, eine Äusserung derselben seelischen Kräfte, die das Geheimnis hergestellt haben, und die sich darum auch für dessen Bewahrung einsetzen, gegen dessen Aufhellung aber sträuben.

Auf der anderen Seite dürfen wir nicht übersehen, dass die verdrängten Gedanken und Regungen sich den Ausdruck in Symptom- und Fehlhandlungen ja nicht selbständig schaffen. Die technische Möglichkeit für solches Ausgleiten der Innervationen muss unabhängig von ihnen gegeben sein; diese wird dann von der Absicht des Verdrängten, zur bewussten Geltung zu kommen, gerne ausgenützt. Welche Struktur- und Funktionsrelationen es sind, die sich solcher Absicht zur Verfügung stellen, das haben für den Fall der sprachlichen Fehlleistung eingehende Untersuchungen der Philosophen und Philologen festzustellen sich bemüht. Unterscheiden wir so an den Bedingungen der Fehl-

und Symptomhandlung das unbewusste Motiv von den ihm entgegenkommenden physiologischen und psychophysischen Relationen, so bleibt die Frage offen, ob es innerhalb der Breite der Gesundheit noch andere Momente gibt, welche, wie das unbewusste Motiv und an Stelle desselben, auf dem Wege dieser Relationen die Fehl- und Symptomhandlungen zu erzeugen vermögen. Es liegt nicht auf meinem Wege, diese Frage zu beantworten.

5. Seit den Erörterungen über das Versprechen haben wir uns begnügt, zu beweisen, dass die Fehlleistungen eine verborgene Motivierung haben, und uns mit dem Hilfsmittel der Psychoanalyse den Weg zur Kenntnis dieser Motivierung gebahnt. Die allgemeine Natur und die Besonderheiten der in den Fehlleistungen zum Ausdruck gebrachten psychischen Faktoren haben wir bisher fast ohne Berücksichtigung gelassen, jedenfalls noch nicht versucht, dieselben näher zu bestimmen und auf ihre Gesetzmässigkeit zu prüfen. Wir werden auch jetzt keine gründliche Erledigung des Gegenstandes versuchen, denn die ersten Schritte werden uns bald belehrt haben, dass man in dies Gebiet besser von anderer Seite einzudringen vermag. Man kann sich hier mehrere Fragen vorlegen, die ich wenigstens anführen und in ihrem Umfang umschreiben will. 1. Welches Inhalts und welcher Herkunft sind die Gedanken und Regungen, die sich durch die Fehl- und Zufallshandlungen andeuten? 2. Welches sind die Bedingungen dafür, dass ein Gedanke oder eine Regung genötigt und in den Stand gesetzt werde, sich dieser Vorfälle als Ausdrucksmittel zu bedienen? 3. Lassen sich konstante und eindeutige Beziehungen zwischen der Art der Fehlhandlung und den Qualitäten des durch sie zum Ausdruck Gebrachten nachweisen?

   Ich beginne damit, einiges Material zur Beantwortung der letzten Frage zusammenzutragen. Bei der Erörterung der Beispiele von Versprechen haben wir es für nötig gefunden, über den Inhalt der intendierten Rede hinauszugehen, und haben die Ursache der Redestörung ausserhalb der Intention suchen müssen. Dieselbe lag dann in einer Reihe von Fällen nahe und war dem Bewusstsein des Sprechenden bekannt. In den scheinbar einfachsten und durchsichtigsten Beispielen war es eine gleichberechtigt klingende andere Fassung desselben Gedankens, die dessen Ausdruck störte, ohne dass man hätte angeben können, warum die eine unterlegen, die andere durchgedrungen war (Kontaminationen von *Meringer* und *Mayer*). In einer zweiten Gruppe von Fällen war das Unterliegen der einen Fassung motiviert durch eine Rücksicht, die sich aber nicht stark genug zur völligen Zurückhaltung erwies („zum Vorschwein gekommen"). Auch die zurückgehaltene Fassung war klar bewusst. Von der dritten Gruppe erst kann man ohne Einschränkung behaupten, dass hier der störende Gedanke von dem intendierten verschieden war, und kann hier eine, wie es scheint, wesentliche Unterscheidung aufstellen. Der störende Gedanke ist entweder mit dem gestörten durch Gedankenassoziation verbunden (Störung durch inneren Widerspruch), oder er ist ihm wesensfremd, und durch eine befremdende *äusserliche* Assoziation ist gerade das gestörte Wort mit dem störenden Gedanken, der oft unbewusst ist, verknüpft. In den Beispielen, die ich aus meinen Psychoanalysen bei Patienten gebracht habe, steht die ganze Rede unter dem Einfluss gleichzeitig aktiv gewordener, aber völlig unbewusster Gedanken, die sich entweder durch die Störung selbst verraten (*Klapper*schlange – *Kleopatra*) oder einen indirekten Einfluss äussern, indem sie ermöglichen, dass die einzelnen Teile der bewusst intendierten Rede einander stören (*Ase natmen*: wo *Hasenauer*strasse, Reminiszenzen an eine Französin dahinter stehen). Die zurückgehaltenen oder unbewussten Gedanken, von denen die Sprechstörung ausgeht, sind von der mannigfaltigsten Herkunft. Eine Allgemeinheit enthüllt uns diese Überschau also nach keiner Richtung.

Die vergleichende Prüfung der Beispiele von Verlesen und Verschreiben führt zu den nämlichen Ergebnissen. Einzelne Fälle scheinen wie beim Versprechen einer weiter nicht motivierten Verdichtungsarbeit ihr Entstehen zu danken (z. B.: der *Apfe*). Man möchte aber gern erfahren, ob nicht doch besondere Bedingungen erfüllt sein müssen, damit eine solche Verdichtung, die in der Traumarbeit regelrecht, in unserem wachen Denken fehlerhaft ist, Platz greife, und bekommt hierüber aus den Beispielen selbst keinen Aufschluss. Ich würde es aber ablehnen, hieraus den Schluss zu ziehen, es gebe keine solchen Bedingungen als etwa den Nachlass der bewussten Aufmerksamkeit, da ich von anderswoher weiss, dass sich gerade automatische Verrichtungen durch Korrektheit und Verlässlichkeit auszeichnen. Ich möchte eher betonen, dass hier, wie so häufig in der Biologie, die normalen oder dem Normalen angenäherten Verhältnisse ungünstigere Objekte der Forschung sind als die pathologischen. Was bei der Erklärung dieser leichtesten Störungen dunkel bleibt, wird nach meiner Erwartung durch die Aufklärung schwererer Störungen Licht empfangen.

Auch beim Verlesen und Verschreiben fehlt es nicht an Beispielen, welche eine entferntere und kompliziertere Motivierung erkennen lassen. „Im Fass durch Europa" ist eine Lesestörung, die sich durch den Einfluss eines entlegenen, wesensfremden Gedankens aufklärt, welcher einer verdrängten Regung von Eifersucht und Ehrgeiz entspringt, und den „Wechsel" des Wortes „*Beförderung*" zur Verknüpfung mit dem gleichgiltigen und harmlosen Thema, das gelesen wurde, benützt. Im Falle *Burckhard* ist der Name selbst ein solcher „Wechsel".

Es ist unverkennbar, dass die Störungen der Sprechfunktionen leichter zustande kommen und weniger Anforderungen an die störenden Kräfte stellen als die anderer psychischer Leistungen.

Auf anderem Boden steht man bei der Prüfung des Vergessens im eigentlichen Sinne, d. h. des Vergessens von vergangenen

Erlebnissen (das Vergessen von Eigennamen und Fremdworten, wie in den Abschnitten I und II könnte man als „Entfallen", das von Vorsätzen als „Unterlassen" von diesem Vergessen *sensu strictiori* absondern). Die Grundbedingungen des normalen Vorgangs beim Vergessen sind unbekannt. Man wird auch daran gemahnt, dass nicht alles vergessen ist, was man dafür hält. Unsere Erklärung hat es hier nur mit jenen Fällen zu tun, in denen das Vergessen bei uns ein Befremden erweckt, insofern es die Regel verletzt, dass Unwichtiges vergessen, Wichtiges aber vom Gedächtnis bewahrt wird. Die Analyse der Beispiele von Vergessen, die uns nach einer besonderen Aufklärung zu verlangen scheinen, ergibt als Motiv des Vergessens jedesmal eine Unlust, etwas zu erinnern, was peinliche Empfindungen erwecken kann. Wir gelangen zur Vermutung, dass dieses Motiv im psychischen Leben sich ganz allgemein zu äussern strebt, aber durch andere gegenwirkende Kräfte verhindert wird, sich irgendwie regelmässig durchzusetzen. Umfang und Bedeutung dieser Erinnerungsunlust gegen peinliche Eindrücke scheinen der sorgfältigsten psychologischen Prüfung wert zu sein; auch die Frage, welche besonderen Bedingungen das allgemein angestrebte Vergessen in einzelnen Fällen ermöglichen, ist aus diesem weiteren Zusammenhange nicht zu lösen.

Beim Vergessen von Vorsätzen tritt ein anderes Moment in den Vordergrund; der beim Verdrängen des peinlich zu Erinnernden nur vermutete Konflikt wird hier greifbar, und man erkennt bei der Analyse der Beispiele regelmässig einen Gegenwillen, der sich dem Vorsatze widersetzt, ohne ihn aufzuheben. Wie bei früher besprochenen Fehlleistungen erkennt man auch hier zwei Typen des psychischen Vorgangs; der Gegenwille kehrt sich entweder direkt gegen den Vorsatz (bei Absichten von einigem Belang), oder er ist dem Vorsatz selbst wesensfremd und stellt seine Verbindung mit ihm durch eine *äusserliche* Assoziation her (bei fast indifferenten Vorsätzen).

Derselbe Konflikt beherrscht die Phänomene des Vergreifens. Der Impuls, der sich in der Störung der Handlung äussert, ist häufig ein Gegenimpuls, doch noch öfter ein überhaupt fremder, der nur die Gelegenheit benützt, sich bei der Ausführung der Handlung durch eine Störung derselben zum Ausdruck zu bringen. Die Fälle, in denen die Störung durch einen inneren Widerspruch erfolgt, sind die bedeutsameren und betreffen auch die wichtigeren Verrichtungen.

Der innere Konflikt tritt dann bei den Zufalls- oder Symptomhandlungen immer mehr zurück. Diese vom Bewusstsein gering geschätzten oder ganz übersehenen motorischen Aeusserungen dienen so mannigfachen unbewussten oder zurückgehaltenen Regungen zum Ausdruck; sie stellen meist Phantasien oder Wünsche symbolisch dar. –

Zur ersten Frage, welcher Herkunft die Gedanken und Regungen seien, die sich in den Fehlleistungen zum Ausdruck bringen, lässt sich sagen, dass in einer Reihe von Fällen die Herkunft der störenden Gedanken von unterdrückten Regungen des Seelenlebens leicht nachzuweisen ist. Egoistische, eifersüchtige, feindselige Gefühle und Impulse, auf denen der Druck der moralischen Erziehung lastet, bedienen sich bei Gesunden nicht selten des Weges der Fehlleistungen, um ihre unleugbar vorhandene, aber von höheren seelischen Instanzen nicht anerkannte Macht irgendwie zu äussern. Das Gewährenlassen dieser Fehl- und Zufallshandlungen entspricht zum guten Teil einer bequemen Duldung des Unmoralischen. Unter diesen unterdrückten Regungen spielen die mannigfachen sexuellen Strömungen keine geringfügige Rolle. Es ist ein Zufall des Materials, wenn gerade sie so selten unter den durch die Analyse aufgedeckten Gedanken in meinen Beispielen erscheinen. Da ich vorwiegend Beispiele aus meinem eigenen Seelenleben der Analyse unterzogen habe, so war die Auswahl von vornherein parteiisch und auf den Ausschluss des Sexuellen gerichtet. Andere Male scheinen es höchst harmlose Einwendungen und Rücksichten zu sein, aus denen die störenden Gedanken entspringen.

Wir stehen nun vor der Beantwortung der zweiten Frage, welche psychologischen Bedingungen dafür gelten, dass ein Gedanke seinen Ausdruck nicht in voller Form, sondern in gleichsam parasitärer als Modifikation und Störung eines anderen suchen müsse. Es liegt nach den auffälligsten Beispielen von Fehlhandlung nahe, diese Bedingung in einer Beziehung zur Bewusstseinsfähigkeit zu suchen, in dem mehr oder minder entschieden ausgeprägten Charakter des „Verdrängten". Aber die Verfolgung durch die Reihe der Beispiele löst diesen Charakter in immer mehr verschwommene Andeutungen auf. Die Neigung, über etwas als zeitraubend hinwegzukommen, – die Erwägung, dass der betreffende Gedanke nicht eigentlich zur intendierten Sache gehört, – scheinen als Motive für die Zurückdrängung eines Gedankens, der dann auf den Ausdruck durch Störung eines anderen angewiesen ist, dieselbe Rolle zu spielen wie die moralische Verurteilung einer unbotmässigen Gefühlsregung oder die Abkunft von völlig unbewussten Gedankenzügen. Eine Einsicht in die allgemeine Natur der Bedingtheit von Fehl- und Zufallsleistungen lässt sich auf diese Weise nicht gewinnen. Einer einzigen bedeutsamen Tatsache wird man bei diesen Untersuchungen habhaft; je harmloser die Motivierung der Fehlleistung ist, je weniger anstössig und darum weniger bewusstseinsunfähig der Gedanke ist, der sich in ihr zum Ausdruck bringt, desto leichter wird auch die Auflösung des Phänomens, wenn man ihm seine Aufmerksamkeit zugewendet hat; die leichtesten Fälle des Versprechens werden sofort bemerkt und spontan korrigiert. Wo es sich um Motivierung durch wirklich verdrängte Regungen handelt, da bedarf es zur Lösung einer sorgfältigen Analyse, die selbst zeitweise auf Schwierigkeiten stossen oder misslingen kann.

Es ist also wohl berechtigt, das Ergebnis dieser letzten Untersuchung als einen Hinweis darauf zu nehmen, dass die befriedigende Aufklärung für die psychologischen Bedingungen der Fehl- und Zufallshandlungen auf einem anderen Wege und von anderer Seite her zu gewinnen ist. Der nachsichtige Leser möge daher in diesen Auseinandersetzungen den Nachweis der Bruchflächen sehen, an denen dieses Thema ziemlich künstlich aus einem grösseren Zusammenhange herausgelöst wurde.

6. Einige Worte sollen zum mindesten die Richtung nach diesem weiteren Zusammenhange andeuten. Der Mechanismus der Fehl- und Zufallshandlungen, wie wir ihn durch die Anwendung der Analyse kennen gelernt haben, zeigt in den wesentlichsten Punkten eine Übereinstimmung mit dem Mechanismus der Traumbildung, den ich in dem Abschnitt *"Traumarbeit"* meines Buches über die *Traumdeutung* auseinandergesetzt habe. Die Verdichtungen und Kompromissbildungen (Kontaminationen) findet man hier wie dort; die Situation ist die nämliche, dass unbewusste Gedanken sich auf ungewöhnlichen Wegen, über äusserliche Assoziationen, als Modifikation von anderen Gedanken zum Ausdruck bringen. Die Ungereimtheiten, Absurditäten und Irrtümer des Trauminhaltes, denen zufolge der Traum kaum als Produkt psychischer Leistung anerkannt wird, entstehen auf dieselbe Weise, freilich mit freierer Benützung der vorhandenen Mittel, wie die gemeinen Fehler unseres Alltagslebens; *hier wie dort löst sich der Anschein inkorrekter Funktion durch die eigentümliche Interferenz zweier oder mehrerer korrekter Leistungen*. Aus diesem Zusammentreffen ist ein wichtiger Schluss zu ziehen: Die eigentümliche Arbeitsweise, deren auffälligste Leistung wir im Trauminhalt erkennen, darf nicht auf den Schlafzustand des Seelenlebens zurückgeführt werden, wenn wir in den Fehlhandlungen so reichliche Zeugnisse für ihre Wirksamkeit während des wachen Lebens besitzen. Derselbe Zusammenhang verbietet uns auch, tiefgreifenden Zerfall

der Seelentätigkeit, krankhafte Zustände der Funktion als die Bedingung dieser uns abnorm und fremdartig erscheinenden psychischen Vorgänge anzusehen.

Die richtige Beurteilung der sonderbaren psychischen Arbeit, welche die Fehlhandlungen wie die Traumbilder entstehen lässt, wird uns erst ermöglicht, wenn wir erfahren haben, dass die psychoneurotischen Symptome, speziell die psychischen Bildungen der Hysterie und der Zwangsneurose, in ihrem Mechanismus alle wesentlichen Züge dieser Arbeitsweise wiederholen. An dieser Stelle schlösse sich also die Fortsetzung unserer Untersuchungen an. Für uns hat es aber noch ein besonderes Interesse, die Fehl-, Zufalls- und Symptomhandlungen in dem Lichte dieser letzten Analogie zu betrachten. Wenn wir sie den Leistungen der Psychoneurosen, den neurotischen Symptomen, gleichstellen, gewinnen zwei oft wiederkehrende Behauptungen, dass die Grenze zwischen nervöser Norm und Abnormität eine fliessende, und dass wir alle ein wenig nervös seien, Sinn und Unterlage. Man kann sich vor aller ärztlicher Erfahrung verschiedene Typen von solcher bloss angedeuteten Nervosität – von formes frustes der Neurosen – konstruieren: Fälle, in denen nur wenige Symptome, oder diese selten oder nicht heftig auftreten, die Abschwächung also in die Zahl, in die Intensität, in die zeitliche Ausbreitung der krankhaften Erscheinungen verlegen; vielleicht würde man aber gerade den Typus nicht erraten, welcher als der häufigste den Übergang zwischen Gesundheit und Krankheit zu vermitteln scheint. Der uns vorliegende Typus, dessen Krankheitsäusserungen die Fehl- und Symptomhandlungen sind, zeichnet sich nämlich dadurch aus, dass die Symptome in die mindest wichtigen psychischen Leistungen verlegt sind, während alles, was höheren psychischen Wert beanspruchen kann, frei von Störung vor sich geht. Die gegenteilige Unterbringung der Symptome, ihr Hervortreten an den wichtigsten individuellen und sozialen Leistungen, so dass sie

Nahrungsaufnahme und Sexualverkehr, Berufsarbeit und Geselligkeit zu stören vermögen, kommt den schweren Fällen von Neurose zu und charakterisiert diese besser als etwa die Mannigfaltigkeit oder die Lebhaftigkeit der Krankheitsäusserungen.

Der gemeinsame Charakter aber der leichtesten wie der schwersten Fälle, an dem auch die Fehl- und Zufallshandlungen Anteil haben, liegt in der *Rückführbarkeit der Phänomene auf unvollkommen unterdrücktes psychisches Material, das vom Bewusstsein abgedrängt, doch nicht jeder Fähigkeit, sich zu äussern, beraubt worden ist*.